“ධම්මෝ හි වාසෙට්ඨා, සෙට්ඨෝ ජනේතස්මිං
දිට්ඨේ චේව ධම්මේ, අභිසම්පරායේ ච.”

වාසෙට්ඨයෙනි, මෙලොවෙහි ත්, පරලොවෙහි ත්
ජනයා අතර ධර්මය ම ශ්‍රේෂ්ඨ වෙයි !

- අග්ගඤ්ඤ සූත්‍රය - භාගයවත් බුදුරජාණන් වහන්සේ

නුවණ වැඩෙන බෝසත් කථා - 3

ජාතක පොත් වහන්සේ

(කුරුංග වර්ගය)

පූජ්‍ය කිරිබත්ගොඩ ඤාණානන්ද ස්වාමීන් වහන්සේ

© සියලුම හිමිකම් ඇවිරිණි.

ISBN : 978-955-687-084-8

ප්‍රථම මුද්‍රණය : ශ්‍රී බු.ව. 2560 ක් වූ පොසොන් මස පුන් පොහෝ දින

සම්පාදනය : මහමෙව්නාව භාවනා අසපුව
වඩුවාව, යටිගල්ඔළුව, පොල්ගහවෙල.
දුර : 037 2244602
info@mahamevnawa.lk | www.mahamevnawa.lk

පරිගණක අකුරු සැකසුම, පිටකවර නිර්මාණය සහ ප්‍රකාශනය :
මහාමේඝ ප්‍රකාශකයෝ
වඩුවාව, යටිගල්ඔළුව, පොල්ගහවෙල.
දුර : 037 2053300, 076 8255703
mahameghapublishers@gmail.com

මුද්‍රණය : ලීඩ්ස් ග්‍රැෆික්ස් (පුද්.) සමාගම,
අංක 356 E, පන්නිපිටිය පාර, තලවතුගොඩ.

නුවණ වැඩෙන
බෝසත් කථා - 3
ජාතක පොත් වහන්සේ
(කුරුංග වර්ගය)

සරල සිංහල පරිවර්තනය
පූජ්‍ය කිරිබත්ගොඩ ඤාණානන්ද ස්වාමීන් වහන්සේ

මහාමේඝ
MAHAMEGHA
ප්‍රකාශනයකි

පෙරවදන

ජාතක පොත් වහන්සේ ඔබ කියවලා ඇති. කුඩා අවධියේත්, පාසලේදීත්, සරසවියේත්, පන්සලේ බණ මඩුවේත්, වෙසක් නාඩගමේත් අපි ජාතක කථා රස වින්දෙමු. නමුත් එහි සැබෑ අරුත කුමක් දැයි තේරුම් ගන්නට අප සමත් වූ වගක් නම් නොපෙනේ.

'නුවණ වැඩෙන බෝසත් කථා' නමින් ඒ ජාතක කථා ඔබේම භාෂාවෙන් ඔබට කියවන්නට ලැබෙන්නේ එයින් ඉස්මතු වන අරුතත් සමඟිනි. මෙහි අරුත් දැන එම කථාවත් මතක තබා ගෙන සත්පුරුෂ ගුණධර්ම දියුණු කර ගන්නට මහන්සි ගන්නේ නම් එය ජාතක කථාවෙන් ඔබට ලැබෙන සැබෑම ප්‍රතිඵලයයි.

හැම දෙනාටම තෙරුවන් සරණයි!

මෙයට,
ගෞතම බුදු සසුන තුළ මෙත් සිතින්,
පූජ්‍ය කිරිබත්ගොඩ ඤාණානන්ද ස්වාමීන් වහන්සේ
ශ්‍රී බුද්ධ වර්ෂ 2560 ක් වූ වෙසක් මස 31 දා

මහමෙව්නාව භාවනා අසපුව
වඩුවාව, යටිගල්ඔළුව,
පොල්ගහවෙල.

පටුන

3. කුරුංග වර්ගය

නමෝ තස්ස භගවතෝ අරහතෝ සම්මාසම්බුද්ධස්ස
ඒ භාග්‍යවත් අර්හත් සම්මා සම්බුදුරජාණන් වහන්සේට නමස්කාර වේවා!

01. කුරුංගමිග ජාතකය

කුරුංග නම් මුවාගේ කථාව

පින්වතුනේ, පින්වත් දරුවනේ,

බුදුවදනට අනුව සසර ගමන තරම් භයානක වෙනත් දෙයක් නෑ. චතුරාර්ය සත්‍යය අවබෝධය ලබනා තුරු කැමති වුනත් අකමැති වුනත් හැමෝටම ඉපිද ඉපිද මැරි මැරී යන්ට වෙනවා. අපගේ භාග්‍යවතුන් වහන්සේ බෝසත් අවධියේ පෙරුම් පිරුවේ පවා එබඳු බිහිසුණු සසරකයි. අප මහ බෝසතාණන් වහන්සේගේ පසුපසින් වෛර බැඳගෙන ආ දේවදත්ත නිසා බොහෝ දුක් විඳින්ට සිදුවුනා. බොහෝ අතුරු ආන්තරා වලට බඳුන් වුනා. ඒ විතරක් නොවෙයි. තමන් ළඟම පැවිදි වූ දේවදත්ත භාග්‍යවතුන් වහන්සේට කළහැකි සෑම හතුරුකමක්මත් කළා. දේවදත්තගේ මේ අසාමාන්‍ය පළිගැනීම බොහෝ භික්ෂූන්ගේ කතාබහට ලක්වුනා. මෙහි කියවෙන්නේ එබඳු සිද්ධියක්.

ඒ දිනවල අපගේ භාග්‍යවතුන් වහන්සේ වැඩ වාසය කළේ රජගහ නුවර වේළුවනයේ. එදා දම්සභා

මණ්ඩපයට රැස්වූ භික්ෂූන් වහන්සේලා දේවදත්ත ගැන කථා කරමින් සිටියා. "ඇවැත්නි, හරීම පුදුමයි නේද... මේ දේවදත්තගේ පළිගැනීම. සෑහීමකට පත්වෙන දෙයක් නෙමෙයි. භාග්‍යවතුන් වහන්සේගේ ජීවිතයට හානි කරනකල් දේවදත්තට නින්දක් නෑ වගේ. බලන්ට... අජාසත් රජ්ජුරුවන්නේ සහය අරගෙන දුනුවායන් යැව්වා. ඒක අසාර්ථක වුනා. ඊටපස්සේ නාලාගිරි ඇත්රජාට රා පොවලා හෙණ්ඩුවෙන් ඇනලා හොඳටෝම කුලප්පු කරවලා භාග්‍යවතුන් වහන්සේ වඩින මග මූණට මුලිච්චි වෙන්ට පිටත් කෙරෙව්වා. ඒකත් වැරදුනා.... ඊටපස්සේ ඇවැත්නි, තමන්නේ අතින්ම භාග්‍යවතුන් වහන්සේට හදි කටින්ට සිතුවා නොවැ. හොරාටම ගිජ්ජකූළු පව්වට නැගලා හිට භාග්‍යවතුන් වහන්සේ පහළ සක්මන් කරද්දි උඩ ඉඳන් පහළට මහා ගලක් පෙරලුවා නොවැ. අපෙ අප්පෝ.... මේ දේවදත්තයා මෙවැනි දේ කරන්ට හිතන්නේ කොහොමෙයි?"

භික්ෂූන් වහන්සේලා ඔය විදිහට දේවදත්තගේ පළිගැනීම ගැන කථා කරමින් සිටියා. ඒ අවස්ථාවේ අප භාග්‍යවතුන් වහන්සේ දම්සභා මණ්ඩපයට වැඩම කළා. පණවන ලද බුද්ධාසනයේ වැඩ සිටියා. 'මහණෙනි, ඔබ මේ රැස්වෙලා කථා කරමින් සිටියේ කුමක් ගැනද?' 'ස්වාමීනී, භාග්‍යවතුන් වහන්ස, අපි කථා කරමින් සිටියේ දේවදත්ත ගැනයි. භාග්‍යවතුන් වහන්සේගේ ඤාති සහෝදරයා වෙලා උතුම් පැවිද්දත් ලබාගෙන කිසි වගක් නැතුව දිගින් දිගටම පළිගන්නවා නොවැ. භාග්‍යවතුන් වහන්සේගේ ජීවිතයට හානි කරනාතුරු දේවදත්තට නින්දක් නැති ගානයි...' "පින්වත් මහණෙනි, ඔය දේවදත්ත මට හමුවුනේ මේ ආත්මේ විතරක් නෙමෙයි. බොහෝ ආත්මවල බොහෝ

වාර ගණන් මුණගැසී තියෙනවා. ඒ හැම වාරෙම උත්සාහ කළේ මාව වනසන්ට තමයි. එක්තරා ආත්මෙක ඔහු මාව වනසන්ට උත්සාහ කළා. නමුත් සාර්ථක වුනේ නෑ"
"අනේ ස්වාමීනී.... අපි භාග්‍යවතුන් වහන්සේගේ ජීවිතයේ බෝසත් අවධියේ දෙව්දත් මුණගැසුන අතීත විස්තරේ දැනගන්ට කැමතියි. අපට ඒ කථාව වදාරන සේක්වා!"

"පින්වත් මහණෙනි, ගොඩාක් ඉස්සර කාලෙක බරණැස් පුරේ බ්‍රහ්මදත්ත නම් රජ්ජුරු කෙනෙක් රාජ්‍ය කළා. ඒ කාලේ මහ බෝධිසත්වයෝ කුරුංග නමැති මුවෙක්ව ඉපදිලා වනයේ වාසය කළා. ඒ වනාන්තරයේ ඇත්දෙමට ගස් ගොඩාක් තියෙනවා. ඒ ඇත්දෙමට ගස්වල ගෙඩි හැදෙන කාලෙට කුරුංග මුවා එතනට එනවා. ඇත්දෙමට ගෙඩි කමින් වාසය කරනවා.

ඔය කාලේ ඒ ගමේ එක්තරා වැද්දෙක් හිටියා. ඔහු මුවන්ගේ පා සටහන් ඔස්සේ ගිහින් ගෙඩි තියෙන ගස්වල අට්ටාල හදනවා. ඊටපස්සේ අට්ටාලෙට ගොඩ වෙලා හැංගිලා ඉන්නවා. ගෙඩි කන්ට මුවන් ගස් යටට එද්දි සැතින් විද මරනවා. ඒ මස් විකුණලයි ඔහු ජීවත් වෙන්නේ.

දවසක් මේ වැද්දා ඇත්දෙමට ගස ළඟින් යද්දි බෝසත් මුවාගේ පා සටහන් දැක්කා. දැකලා ඇත්දෙමට ගහේ අට්ටාලයක් බැන්දා. උදෙන්ම කෑම කාලා ආයුධත් අරගෙන ගිහින් ඇත්දෙමට ගහට ගොඩවුනා. හැංගිලා හිටියා. බෝධිසත්වයොත් ඇත්දෙමට ගෙඩි කන්ට ඕනෑ කියලා උදෑසනින් ම එතැනට ගියා. නමුත් එක්වරටම ගහට ළං වුනේ නෑ. අට්ටාල වැද්දන් මේ ගහෙත් අට්ටාල බැඳගෙන ඉන්ට බැරි නෑ කියලා කෝකටත්

කල්පනාවෙන් වටපිට බැලුවා. මුවා ඇත සිටන් ගහ දිහා බලන් ඉන්නවා විතරයි. ළඟට පැමිණීමක් නෑ. වැද්දත් බලාගෙන සිටියා. මුවා එන පාටක් නෑ. එතකොට වැද්දා මුවාව ළඟට ගෙන්නා ගන්ට හිතලා සැඟවී සිටියදීම ඇත්දෙමට ගෙඩි කඩ කඩා මුවාගේ පැත්තට වීසි කළා. බෝසත් මුවා මෙහෙම හිතුවා. 'හෑ.... හරි වැඩක් නොවැ... මෙතෙක් කලක් මා ඉදිරියට මෙහෙම ගෙඩි වැටුනේ නෑ. අද මොකෝ මේ මහ ආදරයකින් වගේ ගෙඩි ළඟටම එන්නේ...' හිතලා හොඳ හැටියට විපරම් කළා. එතකොට ඇත්දෙමට ගහේ අට්ටාලේ සැඟවිලා තමන් දෙසට කුරුමානම් අල්ලන වැද්දාව දැක්කා. දැකලා නොදැක්කා වගේ මෙහෙම කිව්වා. "හනේ.... හනේ.... එම්බල වෘක්ෂය.... මීට කලින් මෙහෙම දෙයක් වුනේ නෑ නොවැ. තොපගේ වෘක්ෂයේ එල්ලී තියෙන ගෙඩි වැටුනොත් කෙලින් අතටම බිමට වැටුනා. අද මොකෝ මේ පැත්තට ඇලවෙලා මේ පැත්තට ගෙඩි වීසිවෙන්නේ? තෝ පැරණි වෘක්ෂ ධර්මයට විරුද්ධව ගියාද? තෝත් එහෙනම් තමන්ගේ වෘක්ෂ ධර්මයට විරුද්ධව ගියා නම් මාත් ඔය ගස යටට එන්නේ නෑ. වෙන ගසක් හොයාන යනවා" කියලා මේ ගාථාව පැවසුවා.

"ඇත්දෙමට රුක නුඹ
ඇයි මේ ගෙඩි ඇදේට වට්ටන්නේ
කුරුංග මුව වන මා එය දැනගත්තා
තොප රුකේ ගෙඩි අරුචිය මා හට
යන්නෙමි මං - වෙන ඇත්දෙමට රුක වෙත

එතකොට එය අහගෙන හිටපු වැද්දාට හොඳටම කේන්ති ගියා. "පල... මුවෝ යන්න. මාත් තොට විරුද්ධයි" කියලා වාඩි වී ඉන්න ගමන්ම ආයුධයෙන් මුවාට ගැහුවා.

බෝධිසත්වයෝ විදුලිය වගේ සැණෙකින් අහකට පැනලා නැවතුනා. මෙහෙම කිව්වා. "එම්බල මිනිහෝ.... දැන් මට කවුරුහරි විරුද්ධ වුනොත් ඔහුට අටමහ නරකාදියත් උස්සද නිරය දහසයත් පස්වැදෑරුම් වධබන්ධනත් විරුද්ධ නෑ. ඒවා ඔහුත් එක්ක යාළුයි" කියලා බෝසත් මුවා වනයේ පඳුරු අස්සෙන් නොපෙනී ගියා.

ඉතින් පින්වත් මහණෙනි, ඉස්සරත් දේවදත්ත ඔහොම තමයි. මාව මරන්ටමයි උත්සාහ කළේ. නමුත් ඒ වතාවේ බැරිවුනා. ඒ කාලේ අට්ටාල වැද්දා වෙලා හිටියේ දේවදත්ත. කුරුංග මුවා වෙලා හිටියේ මමයි" කියලා මෙම කුරුංගමිග ජාතකය වදාළා.

02. කුක්කුර ජාතකය

බෝසත් සුනඛයාගේ කථාව

පින්වතුනේ, පින්වත් දරුවනේ,

තමන්ගේ ජාතියට රැකවල් දිය යුත්තේ තමන්ගේ කෙනෙක්මයි. තමන්ගේ ධර්මය රැකගත යුත්තේ තමන්මයි. අපගේ බෝසතාණන් වහන්සේ තමන්ගේ වර්ගයා රැකගැනීම පිණිස නොයෙක් ආත්මවල සිය ජීවිතය කැප කොට තියෙනවා. පුරණ ලද පාරමී බලයෙන් යුතු අප මහා බෝසතාණන් වහන්සේ පවා එක්තරා අවස්ථාවක සුනඛ යෝනියෝ ඉපදුනා. එදා තමන්ගේ ඥාති වර්ගයාට වෙන්ට තිබුනු මහ විපතකින් ඔවුන්ව බේරාගත්තා. භාග්‍යවතුන් වහන්සේ පෙර ආත්මවලදී පවා තමන්ගේ ඥාති වර්ගයා බේරාගන්ට කටයුතු කළ බව දම්සභා මණ්ඩපයේදී භික්ෂූන් වහන්සේලා කථා කරමින් සිටියා. ඒ අවස්ථාවේ එතනට වැඩම කොට වදාළ අප භාග්‍යවතුන් වහන්සේ මේ ජාතකය වදාළා.

"පින්වත් මහණෙනි, ගොඩාක් ඉස්සර කාලෙක මහා බෝධිසත්වයන්ටත් කිසියම් කර්මයකට අනුරූපව සුනඛ යෝනියේ උපදින්ට සිදුවුනා. ඉතින් සුනඛ යෝනියේ උපන් බෝසත් සුනඛයා නොයෙක් සියගණන් සුනඛයන් පිරිවරාගෙන මහා සුසාන භූමියක වාසය කළා.

එක් දවසක් බරණැස් රජ්ජුරුවෝ සුදු අශ්වයන් යෙදූ ඉතා අලංකාර ලෙස සැරසූ අනගි අශ්ව කරත්තයෙන් උයන් කෙළියට ගියා. හිරු අවරට යද්දි නැවතත් ඒ අශ්ව කරත්තෙන් මාලිගයට ආවා. රජ්ජුරුවෝ රථයෙන් බැහැලා මාලිගයට ගොඩවුනා. රථයේ බැඳපු අසුන්ව අස්ගාලට ගෙනිච්චා. නමුත් එදා රථය ඇතුළට දාන්න බැරිවුනා. රජමිදුලේම තිබුනා. එදා රෑ වැහැපු වැස්සට අශ්ව රථය තෙමිලා ගියා. මාලිගාවේ උඩුමහල් තලයේ සුරතලයට ඇතිකරන වංශවත් බල්ලන් හිටියා. ඒ විශාල බල්ලන්ට තෙත සම්ගඳ ඉව වැටුනා. ඔවුන් හිමින් පහතට බැස්සා. ඒ රථයට ගොඩ වෙලා තෙත සම් තෙත් වූ වරපට ආදිය කාලා දැම්මා. පසුවදා උදෑසන රාජසේවකයන්ට සපා කා විනාශ කරන ලද තෙත් වූ සම් ඇති වරපට ඇති රථය දකින්ට ලැබුනා. ඔවුන් මේ කාරණය රජ්ජුරුවන්ට පැමිණිලි කළා.

"දේවයන් වහන්ස, ගමේ බල්ලෝ කාණු කටකින් රජමිදුලට ඇවිත් තියෙනවා. අශ්ව කරත්තේ ආසනයට යෙදූ සමත් සම්පටිත් ඔක්කොම කාලා" රජ්ජුරුවෝ වහාම රථය බලන්ට ආවා. මුළු රථයම විනාශ කරලා! රජ්ජුරුවන්ට හොඳටම කේන්ති ගියා. "එසේ නම් සේවකයිනි, එක බල්ලෙක් තියන්ට එපා. දුටු දුටු තැන මරාපියව්" කියා රාජ අණ පැවැත්තුවා.

එදා පටන් ගමේ සියලුම බල්ලන්ට මහා නරක කලදසාවක් උදාවුනා. රාජ සේවකයන් දුටු දුටු තැනදී බල්ලන්ව මැරුවා. පණ බේරාගෙන පලා යන බල්ලෝ කෙළින්ම මහ සොහොනට දිව්වා. බෝසත් සුනඛයා වටේ එකතු වෙන්ට පටන් ගත්තා. එතකොට බෝසත් සුනඛයා ඔවුන්ගෙන් මෙහෙම ඇහුවා. "අහෝ මිතුරනි, මොකද

මේ.... මහ භයකට පත්වෙලා වගේ ගැහි ගැහි ඉන්නේ. මොකක්ද වුන කරදරය?" "අනේ අපි වරදක් කළේ නෑ. රජ්ජුරුවන්නේ අස්ප කරත්තේ බල්ලෝ කාලාලු. හනේ.... අපට ඒ පැත්තටවත් යන්ට වරම් නෑ. නමුත් අහුවුනේ අපවයි. රජ්ජුරුවන්ට හොඳටම කේන්ති ගිහින් රාජ අණක් නිකුත් කළාලු. දුටු දුටු තැන අපව මරන්ට කීවාලු.... අනේ අප දන්නා හඳුනන සෑහෙන දෙනෙක් මැරුනා. මහා විපැත්තියක් අපට වුනේ."

"ඕ.... එහෙමද! ඔය රාජ මාලිගයට බල්ලන්ට යන්ට පාරක් තොටක් ඇත්තේම නැද්ද?"

"අනේ නෑ.... පාරේ යද්දි අස්ප කරද්දි දැක්කා මිසක්කා ඒක අහලකටවත් යන්ට අපට වරම් නෑ"

'ඕහෝ.... එහෙනම් මේක රාජ මාලිගාවේ ඇතිකරන වංශවත් බල්ලන්ගේ වැඩක් වෙන්ට ඕනෑ.... වැරදිකාරයන්ට කිසි දඬුවමක් නෑ. වරදක් නොකළ අයටයි මරණ දඬුවම! දැන් මට කරන්ට තියෙන්නේ එක දෙයයි. හැබෑ වැරදිකාරයෝ කවුද කියලා රජ්ජුරුවන්ට පෙන්නන්ට ඕනෑ' කියලා බෝසත් සුනඛයා කල්පනා කළා. තැතිගත් සුනඛයන්ව අස්වැසෙව්වා.

"සුනඛයිනි, භය වෙන්ට කාරි නෑ. මං තොපව ඔය මරණ භයෙන් නිදහස් කරවන්නම්. මං ගොහින් රජ්ජුරුවන්ව බැහැදකින කල් මෙතැනම වාසය කරව්. පිටතට යන්ට එපා" කියලා බෝධිසත්වයොත් තමන්ගේ පෙර ආත්මයන් පවා සිහි කළ හැකි ජාතිස්මරණ ඤාණයෙන් පුරන ලද පාරමී ධර්මයන් සිහි කළා. මෛත්‍රී සිත පෙරටු කරගත්තා. 'මා හට කිසිවෙකුගෙන් ගල් පහරක් හෝ මුගුරු පහරක් හෝ ආයුධ පහරක් හෝ

එල්ලවෙන්ට එපා' කියලා අධිෂ්ඨාන කළා. හුදෙකලාවේම ඇතුලු නුවරට ගියා. බෝසතුන්ගේ ආනුභාවය නිසා ඔහුව දුටු කවුරුවත් කිපී බැලුවේ නෑ. බෝසත් සුනඛයා කෙලින්ම මාලිගාව ඇතුලට ගියා. රාජ සභාවට ම ගියා. රජ්ජුරුවෝ යම් ආසනයක වාඩි වී සුනඛයන්ව ඝාතනය කරන්ට අණ දුන්නාද එදත් ඒ ආසනයේම වාඩි වී සිටියා. සුනඛයා කෙලින්ම ගිහින් ආසනය යටට රිංගා ගත්තා. රාජ පුරුෂයෝ සුනඛයාව එතනින් එලවා දමන්ට සූදානම් වුනා. එතකොට රජ්ජුරුවෝ එය වැළැක්කුවා. සුනඛයා හෙමින් හෙමින් ආසනය යටින් එළියට ආවා. රජ්ජුරුවන්ට වන්දනා කළා.

"දේවයන් වහන්ස, තොප බල්ලන්ව මරාදමන්ට අණ කළාද?"

"ඔව්... ඇයි?"

"රජතුමනි.... ඔවුන් නුඹවහන්සේට කළ අපරාධය කුමක්ද?"

"ඔවුන් ඉතා බලවත් රාජ අපරාධයක් කරලා තියෙනවා. මාගේ අශ්ව රථයේ එළාපු ඉතාම වටිනා සම්, වරපට ආදිය කාලා විනාශ කරලා තියෙනවා."

"එතකොට රජතුමනි, යම් සත්තු ඒවා කෑවාද ඒ සතුන් කවුරුන්ද කියා නුඹවහන්සේ හොඳාකාරවම දන්නවාද?"

"නෑ.... එහෙම නිච්චියට ම කියන්ට බෑ."

"සම් කාපු සත්තු මෙවුන් කියා නිච්චියට ම නොදැන ඒ මොහොතේ ඉඳන් දුටු දුටු තැන බල්ලන් මරවන්ට නියෝගය දීපු එක හොඳයිද දේවයන් වහන්ස?"

"ඒකේ වැරැද්දක් පේන්ට නෑ. රථයේ සම් බල්ලන් කාපු නිසයි දුටු දුටු තැන සියලු බල්ලන්ව මරන්ට කියා රාජාඥාව නිකුත් කළේ."

"එතකොට මහ රජ්ජුරුවනි, ඒ ආඥාවට අනුව මිනිස්සු සියලුම බල්ලන්ව මරා දමනවාද? නැත්නම් ඇතැම් බල්ලන්ට ඒ මරණ දඬුවම බලපාන්නේ නැද්ද?"

"ඔව්.... අපේ මාලිගාවේ වංශවත් බල්ලන්ට මරණ දණ්ඩනය බලපාන්නේ නෑ."

"එතකොට දේවයන් වහන්ස, නුඹවහන්සේ මේ දැනුත් කිව්වේ රථයේ සම් බල්ලන් විසින් කා දැමූ නිසා දුටු දුටු තැන සියලු බල්ලන්ව මරා දමන්ට සුනඛ වධය නිකුත් කළා කියලයි. එහෙත් මේ දැන්ම අපේ මාලිගාවේ ඇතිකරන වංශවත් බල්ලන්ට මරණ දණ්ඩනය බලපාන්නේ නෑ කියනවා. එහෙනම් නුඹවහන්සේ මේ කාරණයේදී ඡන්දයෙනුත් ද්වේශයෙනුත් මෝහයෙනුත් භයෙනුත් අගතියට ගිහින් නොවැ ඉන්නේ. ඒක රාජ ධර්මයක් නොවෙයි. රජෙක් වුනාම තීරණයක් ගැනීමේදී තරාදියෙන් කිරලා බලනවා වගේ හැම පැත්තක් ගැනම කරුණු සොයා බලන්ට වටිනවා නොවැ. දැනුත් එහෙමනේ වෙලා තියෙන්නේ. රජ මැඳුරේ බල්ලොන්ට දඬුවම් නෑ. දුර්වල බල්ලන් දුටු දුටු තැන මැරුම් කන්ට නියමිතයි. මේකට කිය යුත්තේ සුනඛයන්ට මරණය කියලා නොවේ. දුර්වලයන්ට මරණය කියලයි. ප්‍රබලයන් සුවසේ වැජඹෙනවා. දේවයන් වහන්ස, ඔබ යමක් කරනවාද එය ධර්මය නම් නොවේ" කියා බෝසත් සුනඛයා මේ ගාථාව පැවසුවා.

"රජමැදුරේ හැදුනු වැඩුනු - ලස්සන පෙනුමැතිව සිටින
රාජ කුලේ බල්ලන් හට - දඬුවමකුත් නැත්තේ
රැකවල් නැති පිහිටක් නැති - අපටයි මේ දඬුවම්!
මේ නීතිය සැමට සමව නැත්තේ
දුබලයන්ට මරණයමයි ඇත්තේ"

බෝසත් සුනඛයා මේ ගාථාව කියලා මෙහෙම සුසුම් හෙළුවා. "අහෝ... රජවරු කරන්ට ඕනෑ වැරදිකාරයන්ට දඬුවම් දීමයි. නිවැරදි අයට නොවෙයි. මෙතන තියෙන්නේ ඒට විරුද්ධ දෙයක්. වැරදිකාරයෝ සුවසේ වැජඹෙනවා. නිවැරදි අයට මරණ දඬුවම! අහෝ.... ලෝකයේ පවතින්නේ අයුක්තියයි. අහෝ.... ලෝකයේ පවතින්නේ අධර්මයයි."

බෝධිසත්වයන්ගේ මේ වචනය ඇසූ රජ්ජුරුවන්ගේ සිත වෙනස් වුනා. රජ්ජුරුවෝ සුනඛයාගෙන් මෙහෙම ඇහුවා. "පණ්ඩිතයෙනි, එතකොට තොප දන්නවාද මගේ රථයේ සම් කෑවේ අසවල්ලුය කියා කියන්ට?"

"එසේය... මා දන්නවා."

"ඔව්... කවුද සම් කෑවේ?"

"වෙන කවුරුවත් නොවෙයි. තමුන්නාන්සේගේ මාලිගාවේ සුවසේ වැජඹෙන වංශවත් බල්ලෝ තමයි ඒ හැම දෙයක්ම කළේ."

"එවුන්ම මේවා කෑවා කියලා දැනගන්නේ කොහොමෙයි?"

"දේවයන් වහන්ස, මේ රජගෙයි බල්ලෝම මේවා කෑ වග මට පෙන්නන්ට පුළුවනි. මෝරු ටිකකුයි, තණකොළ ටිකකුයි මට ගෙනත් දෙන්ට" එතකොට

රජ්ජුරුවෝ ඒවා ලැබෙන්ට සැලැස්සුවා. "මේ තණකොළ පොඩි කැලි වලට කපා මෝරු වලට කලවම් කොට බල්ලන්ට පොවන්ට" කියලා බෝධිසත්වයෝ අනුශාසනා කළා. රජ්ජුරුවෝ ඒ කියපු විදිහට බල්ලන්ට පෙව්වා. මොහොතයි ගියේ බීපු බීපු බල්ලෝ වමනේ දැම්මා. සම් කැලි, වරපට කැලි වමනෙත් සමග වැටුනා.

රජ්ජුරුවෝ මහ පුදුමයට පත්වුනා. කාටවත්ම විසඳාගන්ට බැරිවුන දෙයක් මේ කැලේ ඉන්න සුනඛයෙක් විසඳා දුන්නා නොවැ කියලා මහත් සතුටට පත්වෙලා බෝසත් සුනඛයාට සිය සුදු සේසතින් පිදුවා. එතකොට බෝසත් සුනඛයා "මහ රජ්ජුරුවෙනි, ධර්මයෙන් යුක්තව රාජ්‍යය කරන්ට. මව්පියන්ට, ක්ෂත්‍රියයන්ට වගේම අන්‍ය සියලු දෙනාටත් යහපත සලසන්ට. නිති පන්සිල් රකින්ට. අප්‍රමාදීව ධර්මානුකූලව කටයුතු කරන්ට" කියලා අවවාද කොට සුදු සේසත රජ්ජුරුවන්ට ම දුන්නා. මහත් සතුටට පත් රජතුමා සියලු සත්වයන්ට අභය දානය දුන්නා. එදා පටන් සියලුම සුනඛයන්ට රාජ භෝජන ලැබෙන්ට සැලැස්සුවා. සුනඛයා දුන් අවවාද රන්පත් වල ලිව්වා. ඒ අවවාද අවුරුදු දස දහසක් පැවතුනා. සුනඛෝවාදයේ පිහිටි රජතුමා මරණින් මතු දෙවියන් අතර උපන්නා.

පින්වත් මහණෙනි, තථාගතයන් ඤාතීන්ට යහපත සැලසුවේ මේ ආත්මයේ විතරක් නොවෙයි. ඔය විදිහට පෙරත් කටයුතු කළා. එදා රජ්ජුරුවෝ වෙලා සිටියේ අපේ ආනන්දයන්. සුනඛ පිරිස වෙලා සිටියේ මේ බුදු පිරිසමයි. සුනඛයා වෙලා සිටියේ මමයි" කියා අප භාග්‍යවතුන් වහන්සේ මේ කුක්කුර ජාතකය වදාළා.

03. භෝජාජානීය ජාතකය

භෝජ නම් ආජානීය අශ්වයාගේ කථාව

පින්වතුනේ, පින්වත් දරුවනේ,

යම්කිසි වැඩක් පටන් ගත් විට කාට වුනත් බාධා ඇතිවෙන්ට පුළුවනි. අපහසුතා ඇතිවෙන්ට පුළුවනි. සිය උත්සාහය නැතිවෙන්ට පුළුවනි. එබඳු අවස්ථාවක තමාව දිරිමත් කරන්ට කවුරුන් හෝ සිටින්ට ඕනේ. එහෙම දිරිමත් වීමෙන් නැවතත් සිත ධෛර්යවත් කරගන්ට ලැබුනොත් තම අදහස් මුදුන්පත් කරගන්ට ඉඩ සැලසෙනවා. මෙයත් එබඳු කථාවක්.

සැවැත් නුවර සිටි එක්තරා තරුණයෙක් මහත් ශ්‍රද්ධාවෙන් යුතුව බුදු සසුනෙහි පැවිදි වුනා. සීල, සමාධි, ප්‍රඥා දියුණු කරගැනීමේ සුවිසල් බලාපොරොත්තුවක් තිබුනා. නමුත් ටික දවසක් යද්දි තමන් අදහස් කළ පරිදි බණ භාවනා කරගන්ට අපහසු බව මේ භික්ෂුවට වැටහුනා. කෙලෙස් නිසා මහත් පීඩාවකට පත්වුනා. ඔහේ ඉන්නං වාලේ කාලය ගත කළා. මීට වඩා ගිහි වුනා නම් හොඳයි කියා කියා හිටියා. එතකොට භික්ෂූන් වහන්සේලා ඒ භික්ෂුවට නොයෙක් අයුරින් අවවාද කළා. එහෙත් සිත නගා සිටුවාගන්ට බැරිවුනා. ඊටපස්සේ භික්ෂූන් වහන්සේලා මේ භික්ෂුව භාග්‍යවතුන් වහන්සේ

ළඟට කැඳවාගෙන ගියා. භාග්‍යවතුන් වහන්සේ ඒ ගැන විමසුවා.

"හැබෑද භික්ෂුව... කුසල් දහම් දියුණු කිරීම එපා වුනාද? පීඩාවකින්ද ඉන්නේ? ධර්මයේ හැසිරීමේ උත්සාහය අත්හැරියාද? ගිහි වෙන්ට තියෙනවා නම් හොඳයි කිය කියාද ඉන්නේ?"

"එහෙමයි ස්වාමීනී"

"පින්වත් භික්ෂුව, ඉස්සර නුවණැති අය තමන්ට කිසිවක් කරගන්ට බැරි අවස්ථාවේ පවා දිගටම වීරිය පැවැත්තුවා. සතුරන්ගේ ප්‍රහාරයකට ලක්වෙලා සිටියදීත් වීරිය අත්හැරියේ නෑ. අන්න එබඳු වීරියක් ඇතිකර ගන්ට වටිනවා" එතකොට භික්ෂූන් වහන්සේලා ඒ වීරියවන්තයාගේ ජීවිතය ගැන කියාදෙන්ට කියලා භාග්‍යවතුන් වහන්සේගෙන් ඉල්ලා සිටියා. භාග්‍යවතුන් වහන්සේ මේ ජාතකය වදාළා.

"පින්වත් මහණෙනි, ගොඩාක් ඉස්සර කාලෙක බරණැස් පුරේ බ්‍රහ්මදත්ත නම් රජ්ජුරු කෙනෙක් වාසය කළා. ඒ කාලේ මහා බෝධිසත්වයෝ භෝජ ආජානීය කියන මහා වටිනා සෛන්ධව අශ්ව කුලේ ඉතාම අලංකාර අශ්වයෙක් වෙලා උපන්නා. බරණැස් රජ්ජුරුවන්නේ මංගල අශ්ව රාජයා වුනෙත් ඔහුමයි. ඒ අශ්වයාට කහවණු ලක්ෂයක් අගනා රන් බඳුනක අග්‍ර රසයෙන් යුක්ත ආහාරපාන වර්ග ලැබුනා. අශ්වයා වෙනුවෙන් විශේෂයෙන් සකස් කළ මණ්ඩපයත් සුවඳ වර්ග සතරකින් සුවඳවත් කොට තිබුනා. අශ්වයාට සැතපෙන්ට මුදු මොළොක් රතු පලසක් අතුරලා තිබුනා. රන් තරුමල් වලින් සැරසූ උඩු වියනක් තිබුනා. නිරන්තරයෙන් සුවඳ තෙල් පහන් දැල්වුනා.

ඔය බරණැස් රාජ්‍යය ඉතාමත් සමෘද්ධිමත්. ඒ කාලේ බරණැස් රාජ්‍යය නොපතපු රජෙක් නැති තරම්. එක් කාලෙක අවට රාජ්‍ය වල රජවරු සත් දෙනෙක් බරණැස් රාජ්‍යය ආක්‍රමණය කරන්ට ඇවිත් වටේටම කඳවුරු බැඳගත්තා. "එක්කෝ රාජ්‍යය දෙනු! නැත්නම් අපත් සමග යුද්ධ කරනු!" කියලා පණිවිඩ එව්වා. රජ්ජුරුවෝ හනික ඇමතිවරුන්ව රැස්කළා. "දරුවෙනි.... තත්වය සතුටුදායක නෑ. දැන් මොකක්ද කරන්නේ.... යුද්ධ කරනවා ඇරෙන්ට වෙන විසඳුමක් නෑ"

"හරි දේවයන් වහන්ස.... අපට යුද්ධ කරන්ට වෙනවා. නමුත් යුද්ධයේ ආරම්භයේදීම නුඹවහන්සේ මැදිහත් වෙන එක නොවිය යුතුයි. අපට ඉතාමත් දක්ෂ අශ්වාරෝහකයෙක් ඉන්නවා නොවැ. අපි ඉස්සෙල්ලාම ඔහුව පිටත් කරමු. බැරිවුනෝතින් ඊළඟට ගතයුතු පියවර බලමු."

එතකොට රජ්ජුරුවෝ ඔහුව කැඳෙව්වා. "දරුව... රජවරු සත් දෙනෙක්ම අපව වට කරගෙන ඉන්නේ. ඒ රජවරු සත්දෙනා සමග යුද්ධ කරන්ට තොපට ඇහැකිද?" "දේවයන් වහන්ස, ඉදින් මට නුඹවහන්සේගේ භෝජ ආජානීය අශ්ව රාජයා ලබාදෙනවා නම් රජවරු සත් දෙනෙක් නොවෙයි මුළු දඹදිව රජවරුන් එක්ක වුනත් යුද්ධ කරන්ට මට පුළුවනි." "එහෙනම් දරුව, භෝජ ආජානීය අශ්වයා වේවා වෙනත් අශ්වයෙක් වේවා ඔබ කැමති අශ්වයෙකු අරගෙන ගොහින් යුද්ධ කරන්ට."

එතකොට ඔහු රජ්ජුරුවන්ට වන්දනා කළා. මාලිග යෙන් බැස්සා. භෝජ ආජානීය අශ්වයා මණ්ඩපයෙන් එළියට ගත්තා. යුද්ධ සන්නාහයෙන් සැරසෙව්වා.

තමාත් සියලු යුද්ධ සන්නාහයෙන් සැරසුනා. කඩුව බැඳගත්තා. සෙන්ධව අශ්වරාජයාගේ පිට මත නැගී විදුලියක් නික්මෙන සෙයින් නගරයෙන් නික්මුනා. පළවෙනි බලකොටු බින්දා. එක් රජෙකුව ජීවග්‍රාහයෙන්ම අල්ලාගත්තා. නගරයට ගෙනැවිත් හමුදාවට භාර දුන්නා. දෙවැනි රජාවත් අල්ලාගත්තා. ඔය විදිහට ඉතා පහසුවෙන් රජවරු පස් දෙනෙකුව අල්ලා ගත්තා. සයවෙනි බලකොටුව බිඳලා සයවෙනි රජුව අල්ලාගන්නා අවස්ථාවේ භෝජ ආජානීය අශ්වයාට දරුණු වූ මාරාන්තික ප්‍රහාරයකට ලක්වෙන්ට සිදුවුනා. ලේ වැගිරෙන්ට පටන් ගත්තා. නමුත් ඒ පහර කාගෙනම සයවෙනි රජාවත් අල්ලාගෙන හමුදාවට භාරදුන්නා. අශ්වයා මහත් වේදනාවකින් කෙඳිරි ගෑවා. එතකොට අශ්වාරෝහකයා රජ දොරටුව අභියස අශ්වයාව හාන්සි කෙරෙව්වා. අශ්වයාගේ යුද සන්නාහය බුරුල් කළා. ඉක්මනින්ම වෙනත් අශ්වයෙකුට යුද සන්නාහකයක් බඳින්ට පටන් ගත්තා. බෝධිසත්වයෝ ඉතාම අපහසුවෙන්, මහත් වේදනාවෙන් හාන්සි වී සිටියදී සන්නාහකයක් සරසන ශබ්දය ඇසී හිස හරවා ඇස් ඇර බැලුවා. 'අයියෝ.... මේ අශ්වයාවද සරසන්නේ.... මොහු කොහොමද මේ වැඩේ කරන්නේ? මොහුට මෙය කරන්ට බෑ. තව එක බලකොටුවයි බිඳින්ට තියෙන්නේ. මොහු මේ වැඩේට දක්ෂ නෑ. අපි ගත්තු සෑම උත්සාහයක්ම අසාර්ථක වෙනවා. අශ්වාරෝහකයත් විනාශ වෙනවා. අපේ වීරිය වතුරේ! සත්වෙනි රජාට යටත් වෙන්ට අපේ රජ්ජුරුවන්ටත් සිද්ධ වෙනවා. මට හැර මේ අවසන් වැඩේ වෙන කාටවත් කරන්ට බෑ. මේ වෙලාවේ සත්වෙනි රජාව අල්ලන්ට පුළුවන් වෙන සමර්ථයෙක් නෑ. මං දැන් පසුබහින්ට නරකයි" කියලා බෝසත් අශ්වයා අශ්වාරෝහකයාට කතා කොට මේ ගාථාව කිව්වා.

"වැතිරී සිටියත් බිම මා - සතුරන්ගේ හුල් පහරින්
සෛන්ධව කුලේ උත්තම - අසු ම ය මා තවමත්
එනිසා අසරුව මාව ම - ඔය වැඩේට යොදවගන්ට"

එතකොට අශ්වාරෝහකයා එය වහා තේරුම් ගත්තා. "මගේ අශ්ව රජෝ.... මට තේරෙනවා. නුඹට මිසක් වෙන කාටවත් මේ අවසාන මොහොත දිනන්ට බැහැ. නැගිටපන් මයෙ පුතා" කියලා භෝජ ආජානීය අශ්වයාගේ මුහුණ සිම්බා. අමාරුවෙන් නැගිට්ටෙව්වා. තුවාලය රෙදි පටි වලින් වෙළුවා. ආයෙමත් සන්නද්ධ කෙරෙව්වා. අශ්වාරෝහකයා අශ්වයාට මහත් සේ ආදරය දක්වා පිට උඩ නැග්ගා. අශ්වයා වේදනාව මැඩගෙන විදුලිය වගේ නික්ම ගියා. සත්වෙනි බලකොටුවත් බින්දා. ඒ රජාවත් අල්ලා ගත්තා. හමුදාවට භාර දුන්නා. බෝධිසත්ව අශ්වයාවත් රජ දොරටුව ළඟට ගෙනැවිත් හාන්සි කෙරෙව්වා. රජ්ජුරුවෝ අශ්වයා බලන්ට දුවගෙන ආවා. මහත් ආදරයෙන් වැළඳගත්තා. එතකොට අශ්වයා මෙහෙම කිව්වා.

"මහ රජ්ජුරුවෙනි, රජවරු සත්දෙනා මරවන්ට එපා. ආයෙමත් මෙවැනි දේවල් නොකරන වගට දිවුරවාගෙන නිදහස් කරන්ට. මටත් මේ අශ්වාරෝහකයාටත් දිය යුතු යමක් ඇත්නම් ඒ සියල්ල මොහුට ම දෙන්ට. සතුරු රජුන් සමග අල්ලාගත් යෝධයන්වත් මරවන්ට වටින්නේ නෑ. ඔවුන්වත් නිදහස් කරන්ට. රටවැසියාට පහසුකම් සලසන්ට. ගුණවත් ධාර්මික රජෙක් වෙන්ට කියලා අනුශාසනා කොට නිශ්ශබ්ද වුනා. අශ්වාරෝහකයා අශ්වයාගේ සන්නාහකය ගැලෙව්වා. එය ගලවනවාත් සමගම අශ්වයාගේ දෑස් පියවුනා. ප්‍රාණය නිරුද්ධ වුනා. රජ්ජුරුවෝ මහත් උත්සවාකාරයෙන් අශ්වයාගේ ආදාහන

කටයුතු සිද්ධ කළා. අශ්වයාගේ අවවාද පරිදි ඒ රජවරු නිදහස් කළා. ධාර්මිකව පාලනය කළා.

පින්වත් මහණෙනි. ඒ කාලේ බරණැස් රජ්ජුරුවෝ වෙලා සිටියේ අපේ ආනන්දයන්. අශ්වාරෝහකයා වෙලා සිටියේ අපේ සාරිපුත්තයන්. භෝජ ආජානීය අශ්වයා වෙලා සිටියේ මමයි" කියා වදාළා. ඊටපස්සේ භාග්‍යවතුන් වහන්සේ වීරිය අත්හළ භික්ෂුවට අවවාද කොට වදාළා.

"පින්වත් භික්ෂුව, පෙර නුවණැති අය එබඳු අවස්ථා වලදීත් එබඳු බරපතල ප්‍රහාරයකට ලක්ව සිටියදීත් වීරිය අත් නොහැර කටයුතු කිරීම නිසා මුළු බරණැස් රාජ්‍යය ම බේරුනා. දැන් මා බඳු ශාස්තෘවරයෙක් සිටිද්දි නිවන් අවබෝධය සලසා දෙන මෙබඳු සසුනක පැවිදි වී වීරිය අත්හැරීම කොහෙත්ම සුදුසු නෑ. එනිසා ආර්ය සත්‍යාවබෝධයටමයි උත්සාහ කළ යුත්තේ" කියලා චතුරාර්ය සත්‍යය ධර්මය දේශනා කළා. ඒ දේශනාව අවසන් වන විට වීරිය අත්හැර සිටි භික්ෂුව උතුම් රහත් ඵලයට පත්වුනා. මෙසේ සම්මා සම්බුදු කෙනෙකුගේ ජීවිතයත් බුදු සසුනත් සැබැවින්ම අසිරිමත් නොවේද!

04. ආජඤ්ඤ ජාතකය

ආජානේය අශ්වයාගේ කථාව

පින්වතුනේ, පින්වත් දරුවනේ,

මෙයත් කලින් වගේම කථාවක්. මහත් ශ්‍රද්ධාවෙන් පැවිදි වූ එක්තරා භික්ෂුවකට ධර්මයේ හැසිරෙන්ට වීරිය නැතුව ගියා. අනේ මට මොකවත් කරගන්ට බෑ කියලා හිතෙන් අසරණ වුනා. එතකොට භික්ෂූන් වහන්සේලා ඒ භික්ෂුව කැඳවාගෙන භාග්‍යවතුන් වහන්සේ ළඟට ගියා. භාග්‍යවතුන් වහන්සේ ඒ භික්ෂුවට අවවාද කළා.

"පින්වත් භික්ෂුව, සෑම දියුණුවක් ම පවතින්නේ නොකඩවා කරන උත්සාහය මතයි. දැන් විතරක් නොවෙයි. ඉස්සරත් එහෙම තමයි. ඉස්සර කාලේ හිටපු නුවණැති අය ඉතාම අපහසු අවස්ථා වලදී පවා සතුරන්ගෙන් දරුණු ප්‍රහාරයන්ට ලක්ව සිටියදීත් උත්සාහය අත්හළේ නෑ. අන්න ඒ විදිහටයි කටයුතු කරන්ට ඕනෑ"

එතකොට භික්ෂූන් වහන්සේලා අතීතයේ වීරිය අත්නොහළ නුවණැත්තන්ගේ කථාව ගැන කියාදෙන්ට කියලා භාග්‍යවතුන් වහන්සේගෙන් ඉල්ලා සිටියා. භාග්‍යවතුන් වහන්සේ මේ ජාතකය වදාළා. "පින්වත් මහණෙනි, ගොඩාක් ඈත කාලෙක බරණැස් පුරේ බ්‍රහ්මදත්ත නමින් රජ්ජුරු කෙනෙක් වාසය කළා. මේ

බරණැස් නගරය ඉතාම සමෘද්ධි සම්පන්නයි. ඒ නිසා කලින් වගේම රජවරු සත් දෙනෙක් ඇවිත් බරණැස් රාජ්‍යය වට කළා. බරණැස් රජ්ජුරුවෝ ඇමතිවරු රැස්කොට ගතයුතු පියවර ගැන විමසුවා.

"දේවයන් වහන්ස, රථයේ සිට යුද්ධ කරන්ට පුළුවන් ඉතාම දක්ෂ යෝධයෙක් අපට ඉන්නවා නොවැ. ඊටම ගැලපෙන සහෝදර ආජානේය අශ්වයෝ දෙදෙනෙකුත් ඉන්නවා. මේ අය ඉන්නා තුරු අපට භය වෙන්ට දෙයක් නෑ. ඉස්සෙල්ලාම අපි මෙයාලාව යුද්දෙට පිටත් කරමු."

රජ්ජුරුවෝ එයට කැමති වුනා. ආජානේය අශ්වයෝ දෙන්නා යුද ඇඳුමෙන් සරසවා රථයේ යෙදෙව්වා. මහා යෝධයාත් සන්නාහයෙන් සන්නද්ධව රථයට නැංගා. එක එක බලකොටුවට කඩාපැන්නා. සයවෙනි රජාව අල්ලාගත් වේලේ වැඩිමහල් අශ්වයා මාරාන්තික සතුරු ප්‍රහාරයකට ලක්වුනා. නමුත් අශ්වයා ලේ වැගිරෙද්දි රථය ප්‍රමාද කළේ නෑ. රජ මිදුලට ම ආවා. යෝධයා වහාම අශ්වයාම රථයෙන් ලෙහෙව්වා. අශ්වයාගේ වෙලා තිබුනු සන්නාහය බුරුල් කළා. හෙමිහිට හාන්සි කෙරෙව්වා. සේවකයෙක් දුවගෙන ගිහින් අස්ගාලෙන් වෙනත් අශ්වයෙකුව රැගෙන ආවා. හනිකට ඔහුව සරසන්නට පටන් ගත්තා. ඒ සරසන හඬ ඇසී වැඩිමහල් බෝසත් අශ්වයා ඇස් ඇරලා බැලුවා. 'මේ අශ්වයාව යෙදුවෝතින් අවසන් මොහොතේ අපි හැමෝම පරදිනවා. අපේ රජ්ජුරුවන්ටත් යටත් වෙන්ට සිද්ධ වෙනවා" කියලා තේරුනා. බෝසත් අශ්වයා යෝධයාව කැඳෙව්වා. වැතිරී සිටගෙන ම මේ ගාථාව කිව්වා.

"කොයි මොහොතේ කොතැනකින් ගියත්
කොයි බලකොටුවක් මැදින් ගියත්

සතුරු පහර කෑ විටත් නැතත්
ආජානේය අසුමයි දිනවන්නේ
වෙළඹක දැම්මොත් පරදින්නේ"

යෝධයාට වැඩිමහල් අශ්වයා හොඳටම තුවාල වෙලත් කියූ ගාථාව තේරුනා. සරසමින් සිටි අශ්වයාව අත්හැරියා. වහා අසු ළඟට ඇවිත් රෙදි පටි වලින් තුවාලේ වෙළුවා. නැගිට්ටෙව්වා. ආයෙමත් සන්නාහයෙන් සැරසෙව්වා. රථයට යෙදෙව්වා. හිතට ධෛර්යය ගත් බෝසත් අශ්වයා වේදනාව මැඩගෙන යුද්ධයට ගියා. සත්වෙනි බලකොටුවත් බින්දා. ඒ රජාවත් අල්ලාගෙන මාලිගාව දොරටුව ළඟට ආවා. දැන් අශ්වයාට ගොඩාක් අමාරුයි. යෝධයා අශ්වයාගේ සන්නාහය ලිහෙව්වා. ඇලේකට හාන්සි කෙරෙව්වා. අල්ලාගත් සතුරු රජවරුන්ව නොමරා ඔවුන්ව දිවුරවා නිදහස් කරන්ට කියා රටවැසියාට ආදරයෙන් සලකන්ට කියා රජ්ජුරුවන්ට අවවාද කොට දෑස් පියාගත්තා"

පින්වතුනේ, පින්වත් දරුවනේ, මේ ජාතක දේශනාව අසාගෙන සිටිද්දී අර භික්ෂුවගේ උත්සාහය බලවත් වුනා. සිත ප්‍රබෝධවත් වුනා. එතකොට භාග්‍යවතුන් වහන්සේ චතුරාර්ය සත්‍යය ධර්මය වදාළා. අර භික්ෂුව සියලු අකුසල් ප්‍රහාණය කොට සියලු කුසල් වඩා උතුම් රහත් ඵලයට පත්වුනා. එදා බරණැස් රජු වෙලා සිටියේ අපගේ ආනන්දයන් වහන්සේ. ඉතාමත් වීරියවන්ත වැඩිමහල් ආජානේය අශ්වයා වෙලා සිටියේ අපගේ භාග්‍යවතුන් වහන්සේ.

05. තිත්ථ ජාතකය

පැන්තොට ගැන කථාව

පින්වතුනේ, පින්වත් දරුවනේ,

එක් එක් ජීවිත වල අප පුරුදු කරන දේවල් අපගේ සසර පුරුදු හැටියට බොහෝ කල් දිගින් දිගට පවතින්ට පුළුවනි. ධර්මය අවබෝධ කරගැනීමේදී පවා කෙනෙක් තවත් කෙනෙකුගෙන් වෙනස් වෙන්නේ ඒ සසර පුරුද්ද අනුව විය හැකියි. මේ කථාවෙන් කියවෙන්නේත් සසර පුරුද්දක් ධර්මාවබෝධයට බලපෑ ආකාරයයි.

සැවැත් නුවර රන් කැටයම්කරුවෙකුගේ පුත්‍රයෙක් සිටියා. ඔහුටත් ධර්මය අසා පැවිදි වීමේ ආසාව ඇතිවුනා. මව්පියන්ගෙන් අවසර ගත් මොහුට අපගේ සාරිපුත්තයන් වහන්සේගේ ශිෂ්‍ය භික්ෂුවක් ලෙස පැවිදි වෙන්ට වාසනාව ලැබුනා.

මේ නවක භික්ෂුව ඉතාමත් ගුණගරුකයි. වත පිළිවෙතින් යුක්තයි. උත්සාහයෙනුත් යුක්තයි. අපගේ සාරිපුත්තයන් වහන්සේ මේ නවක භික්ෂුවට පැවිදි වූ අලුත කාහටත් දෙන මූල කර්මස්ථානය වන අසුභ භාවනාව කියාදුන්නා. ඉතින් මේ භික්ෂුවත් ඉතාමත් ශ්‍රද්ධාවෙන් යුක්තව ඒ අවවාදය පිළිගෙන අසුභ භාවනාවෙහි යෙදුනා. දෙතිස් කුණුපයන් මෙනෙහි කරන්ට පටන් ගත්තා.

අහෝ කිසිවක් අරමුණු කරගන්ට බෑ. තිබුනාටත් වඩා වේගයෙන් සිත විසිරෙන්ට පටන් ගත්තා. එතකොට මේ භික්ෂුව ගිහින් අපගේ ධර්ම සේනාධිපතීන් වහන්සේට ඒ ගැන කියා හිටියා. අපගේ සාරිපුත්තයන් වහන්සේ නැවත නැවතත් අසුභ අරමුණු විස්තර කොට දුන්නා. ඒ භාවනාවෙහි ම උත්සාහවත් කළා. මේ භික්ෂුවත් එක දිගට උත්සාහ කළා. නමුත් ස්වල්ප මොහොතකටවත් අසුභ භාවනාව තුළ සිත තැන්පත් කරගන්ට බැරිවුනා.

එතකොට අපගේ සාරිපුත්තයන් වහන්සේ තම ශිෂ්‍ය භික්ෂුව කැඳවාගෙන භාග්‍යවතුන් වහන්සේව බැහැ දකින්ට වැඩියා. භාග්‍යවතුන් වහන්සේ මෙසේ වදාළා.

"පින්වත් සාරිපුත්තයෙනි, භික්ෂුවක් කැඳවාගෙන ආවා නේද?"

"එහෙමයි භාග්‍යවතුන් වහන්ස, මං මේ භික්ෂු නමට භාවනාව දිගටම කියාදුන්නා. දැනට භාරමාසයක් ගතවුනා. සිතේ විසිරීම වැඩිවුනා මිසක් සිත තැන්පත් වුනේ නෑ. එතකොට ස්වාමීනී, මට සිතුනේ මේ නම භාග්‍යවතුන් වහන්සේ විසින් ම හික්මවිය යුතු කෙනෙක් වෙන්ට ඇති කියලයි. ඒ නිසයි කැඳවාගෙන ආවේ"

"සාරිපුත්තයෙනි.... ඔබ මේ ශිෂ්‍ය නමට දුන් භාවනාව කුමක්ද?"

"ස්වාමීනී භාග්‍යවතුන් වහන්ස, මං දිගටම විස්තර කළේ අසුභ භාවනාවයි"

"සාරිපුත්තයෙනි, මොහුව හික්මවිය යුත්තේ ආසයානුසය ඤාණය තුළින් බලලයි. ආසයානුසය ඤාණය ශ්‍රාවක ඤාණයක් නොවෙයි. කමෙක් නෑ

සාරිපුත්තයෙනි, මේ නම මෙහේ නවත්වා යන්ට. සවසට ඇවිත් එක්කරගෙන යන්ට පුළුවන් නොවැ"

අපගේ සාරිපුත්තයන් වහන්සේ තම ශිෂ්‍ය නම භාග්‍යවතුන් වහන්සේ වෙත රඳවා භාග්‍යවතුන් වහන්සේට වන්දනා කොට පිටත් වුනා. භාග්‍යවතුන් වහන්සේ ඒ භික්ෂුව පොරවා සිටි පාංශුකූල චීවරය වෙනුවට පොරවාගැනීමට අලුත් සිවුරකුයි අඳනයකුයි දුන්නා. භාග්‍යවතුන් වහන්සේත් සමග පිඬුසිඟා වැඩියා. සවස් වරුවේ භාග්‍යවතුන් වහන්සේ ඒ භික්ෂු නමත් කැඳවාගෙන විහාර චාරිකාවේ වැඩියා. එහි අඹ වනයක රමණීය පොකුණක් මැව්වා. ඒ පොකුණ කදිම නෙළුම් විලක්. මේ නෙළුම් විලේ විශාල නෙළුමක් මැව්වා.

"පින්වත් භික්ෂුව, දැන් ඔබ මෙතන වාඩිවෙන්ට. හොඳ හැටියට මේ නෙළුම දිහා බලාගෙන ඉන්ට ඕනෑ" කියලා අවවාද කොට ගන්ධ කුටියට වැඩියා. ඉතින් අර භික්ෂුව නෙළුම දිහාම බලාගෙන සිටිද්දී තම සිත ක්‍රම ක්‍රමයෙන් මැනවින් එකඟ වුනා. ප්‍රීතියත් සැහැල්ලුවත් ඇතිවුනා. එතකොට අර නෙළුමේ පෙති ටිකෙන් ටික පරවෙන්ට පටන් ගත්තා. පෙති හැලෙන්ට පටන් ගත්තා. නෙළුම් රේණු හැකිලුනා. මැලවී ගියා. එතකොට ඒ භික්ෂුවට මෙහෙම හිතුනා. 'ආහා.... මේ නෙළුම මොනතරම් ලස්සනට තිබුනාද! ටික වේලාවකින් ඒ හැම දෙයක්ම වෙනස් වුනා. මැලවී ගියා. පෙති හැලුනා. ජරාවට පත්වුනා. මේ ශරීරයත් මේ විදිහ තමයි. පෙනුමට තියෙන්නේ සුළු කාලයකටයි. කෙමෙන් කෙමෙන් ජරාවට යනවා. මේක ධර්මතාවක්' කියලා සිතද්දී භාග්‍යවතුන් වහන්සේ ගඳ කිළියේ වැඩ සිටිමින්ම ආලෝකයක් පතුරුවා මේ ගාථාව වදාළා.

උච්ඡින්ද සිනේහමත්තනෝ
- කුමුදං සාරදිකං'ව පාණිනා
සන්තිමග්ගමේව බ්‍රෑහය
- නිබ්බානං සුගතේන දේසිතං

සරත් කලට පිපී දිලෙන
- සුදු මහනෙල් මල අතින් නෙලන සේ
හැම බැඳුම් තමා තුළ ඇති
- නසා දමනු මැන මැනැවින්
සුගතයාණන් විසින් වදහළ
- අම නිවන් දෙන ඒ මගෙහි
දියුණු කරගත මැනැව මැනැවින්

මේ ගාථාව අසනවාත් සමගම ඒ භික්ෂුව පටිසම්භිදාලාභී මහරහතන් වහන්සේ නමක් බවට පත්වුනා. එදා දම්සභා මණ්ඩපයට රැස්වූ භික්ෂූන් වහන්සේලා මේ අසිරිමත් සිද්ධිය ගැන කථාබස් කරමින් සිටියා.

"ඇවැත්නි, සම්බුදු නුවණ හරි අසිරිමත් නේද? අපගේ ධර්ම සේනාධිපතීන් වහන්සේ හාර මාසයක් අවවාද කරලත් ඒ භික්ෂුවට චිත්ත සමාධි මාත්‍රයක් උපදවාගන්ට බැරිවුනා. නමුත් වරුවයි ගියේ. භාග්‍යවතුන් වහන්සේ උතුම් රහත් ඵලය දක්වා හික්මවා වදාළා නොවැ. අහෝ.... බුද්ධානුභාවය නම් මහා ආශ්චර්යයක්!"

එතකොට භාග්‍යවතුන් වහන්සේ එතැනට වැඩමවා වදාළා. භික්ෂූන් වහන්සේලා තමන් කථාබස් කරමින් සිටිය කරුණ ගැන භාග්‍යවතුන් වහන්සේට සැළකළා. භාග්‍යවතුන් වහන්සේ මෙසේ වදාළා. "පින්වත් මහණෙනි, තථාගතයන් වහන්සේ නමක් තමන්ගේ ඥාණ බලයක්

වන ආසයානුසය ඤාණයෙන් කෙනෙකු හික්මවන එක පුදුමක් නොවෙයි. නමුත් මං පෙර ආත්මයේ පවා සත්වයන්ගේ චිත්ත ස්වභාවය හඳුනාගෙන කටයුතු කළා."

එතකොට භික්ෂූන් වහන්සේලා ඒ අතීතයේ බෝසත් අවධියේ කටයුතු කළ ආකාරය ගැන කියාදෙන්ට කියා භාග්‍යවතුන් වහන්සේගෙන් ඉල්ලා සිටියා. භාග්‍යවතුන් වහන්සේ මේ ජාතකය වදාළා.

"පින්වත් මහණෙනි, යටගිය දවස බරණැස් නුවර බ්‍රහ්දත්ත නම් රජ්ජුරු කෙනෙක් රජකම් කළා. ඒ කාලේ මහ බෝධිසත්වයෝ බ්‍රහ්මදත්ත රජ්ජුරුවන්ගේ පුරෝහිත ඇමතියා හැටියට අර්ථයෙන් ධර්මයෙන් අනුශාසනා කළා. දවසක් රජ්ජුරුවන්ගේ මංගල අශ්වයා ස්නානය කරවන පැන් තොටෙහි බාල වර්ගයේ වල් අස්ප ගණයට අයත් වෙළඹකව නහවලා. මංගල අශ්වයා ස්නානය කරවන්නට එතනට කැඳවාගෙන ගියා. වල් අශ්වයෙකු එතැනට බැසගත් වග මංගල අශ්වයාට ඉවෙන් දැනුනා. ඔහු ඒ පැන් තොටට බසින්ට කොහෙත්ම කැමති වුනේ නෑ. අශ්වයා වතුරට බහින්නේ නැත්තේ මන්දැයි යන කරුණ සොයාගන්ට සේවකයන්ට බැරිවුනා. ඔවුන් ගිහින් රජුට දැනුම් දුන්නා. "දේවයන් වහන්ස, අද හරි වැඩක් නොවැ. අපේ මංගල අශ්වයා වතුරට බහින්නේම නෑ. මොකක්දෝ වෙනසක් වෙලා" රජ්ජුරුවෝ බෝසතුන්ව ඇමතුවා. "පණ්ඩිතයෙනි, පැන් තොට ළඟට යන්ට. ගිහින් දැනගන්ට අපේ අශ්වයාට මොකද වුනේ කියලා."

බෝධිසත්වයෝ ගංතෙරට ගිහින් අශ්වයාව හොඳ හැටියට පරීක්ෂා කළා. දැනගන්ට නම් කිසිම රෝග ලක්ෂණයක් නෑ. වෙනත් අශ්වයෙකු වතුරට බැස්ස අඩි

පාරවල් ගං ඉවුරේ තියෙනවා දකින්ට ලැබුනා. 'මී.... මීට කලින් වෙනත් අශ්වයෙක් වතුරට බැහැලා නාලා තියෙනවා වගේ. මේ අශ්වයා වතුරට බහින්ට පිළිකුල් කරන්නේ ඒ නිසා වෙන්ට ඕනැ' කියලා සිතුවා. අස් ගොව්වා කැඳවා විමසුවා. "එම්බා පුරුෂය, මේ අශ්වයා ගේන්ට කලින් මෙතන වෙනත් අශ්වයෙකුව ස්නානය කෙරෙව්වාද?" "එහෙමයි හිමියනි, එක්තරා වෙළඹකව නැහැව්වා තමයි" "ඒක තමයි.... මේ මංගල අශ්වයා තමන් ගැන තියෙන සාඩම්බරකම නිසා බාල අශ්වයෙකු ස්නානය කරවපු තැන ගැන පිළිකුළක් ඇතිවෙලා. ඒකයි මෙතනට බහින්ට අකමැති වුනේ. වෙනත් පැන් තොටකට රැගෙන යන්ට. එතකොට අශ්වයා එතැනින් වතුරට බසීවි. භවත් අස්ගොව්ව.... ගිතෙල් මීපැණි යුතු කිරිබතක් වුනත් හැමදාම වළඳන්ට ගියොත් එපා වෙනවා. මේ මඟුල් අසුත් හැමදෑම ස්නානය කරවන්නේ මෙතැන නොවැ. එනිසා අද වෙනත් තැනකට ගෙනියන්ට. එතැනින් ස්නානය කරවන්ට. එතැනින් පැන් පොවන්ට" කියලා මේ ගාථාව පැවසුවා.

"වෙන පැන් තොටකට ගෙන ගොස්
අසු නාවනු අස්ගොව්වෝ
නිතරම් කිරිබත් කෑවොත්
ඇතිවෙනවා මිනිසෙකුටත්"

මෙය තේරුම් ගත් අස්ගොව්වා මංගල අශ්වයාව වෙනත් පැන් තොටකට රැගෙන ගියා. අශ්වයා කිසි වගක් නැතුව සතුටින් වතුරට බැස්සා. පැනුත් බිව්වා. 'අපේ පණ්ඩිතයෝ අශ්වයාගේ අදහස තේරුම් අරගෙන කටයුතු කිරීමෙන් අශ්වයා සුවපත් වුනා නොවැ' කියා රජ්ජුරුවෝ ඔහුට තෑගිබෝග දුන්නා. ඒ කාලේ මංගල අශ්වයා වෙලා

සිටියේ මා විසින් රහත් ඵලය තෙක් හික්මවන ලද මේ භික්ෂුවයි. රජ්ජුරුවෝ වෙලා සිටියේ අපගේ ආනන්දයන්. පණ්ඩිත අමාත්‍යයා වෙලා සිටියේ මං නොවැ" කියලා මේ ජාතකය වදාළා.

06. මහිලාමුඛ ජාතකය

මහිලාමුඛ ඇත්රජුගේ කථාව

පින්වතුනේ, පින්වත් දරුවනේ,

කොයිතරම් පහසුකම් තිබුනත් යම් තැනක අර්බුදකාරී වටපිටාවක් තියෙනවා නම් එතනැට යන්ට හොඳ නෑ; නැති කරදර වල පැටලෙනවා; සැකයට බඳුන් වෙනවා. මේ කථාවෙන් කියවෙන්නේ එබඳු දෙයක්.

ඒ දවස් වල අපගේ භාග්‍යවතුන් වහන්සේ වැඩ සිටියේ රජගහ නුවර වේළුවනාරාමයේ. ඒ කාලේ දේවදත්ත ඉර්ධි ප්‍රාතිහාර්යය දක්වලා අජාසත් කුමාරයාව පහදවාගෙන තිබුනා. අජාසත් කුමාරයා සෑහෙන්ට වියදම් කරවා දේවදත්ත වෙනුවෙන් ගයා ශීර්ෂයේ ලස්සන පන්සලක් කෙරෙව්වා. නොයෙක් ප්‍රණීත භෝජනයන් ගෙන් යුක්ත ආහාර බඳුන් පන්සියයක් දිනපතා එතන්ට පිටත් කළා. දේවදත්තට ලැබුණු මහත් ලාභ සත්කාර නිසා ඔහුගේ පිරිසත් වැඩිවුනා.

ඔය අතරේ රජගහ නුවර යහළුවෝ දෙදෙනෙක් පැවිදි වෙන්ට කැමැත්තෙන් සිටියා. ඔවුන්ගෙන් එක් අයෙක් අපගේ භාග්‍යවතුන් වහන්සේ ළඟ පැවිදි වුනා. අනෙක් කෙනා සිටියේ ගයාවේ. ඔහු දේවදත්ත භාග්‍යවතුන් වහන්සේට විරුද්ධව ගිය බව දන්නේ නෑ.

ඔහු ගිහින් දේවදත්ත ළඟ පැවිදි වුනා. මේ යහළු භික්ෂූන් දෙදෙනා වරින්වර මුණගැසෙනවා.

දවසක් දේවදත්ත ළඟ ඉන්න භික්ෂුව අනිත් භික්ෂුවට මෙහෙම කිව්වා. "භනේ.... ඇවැත්නි.... දිනපතා දහඩිය වගුරුවාගෙන පිණ්ඩපාතේ කරගන්ට ඔතරම් දුක් විඳින්නේ ඇයි? බලන්ට දේවදත්ත ගැන. ගයා ශීර්ෂයේ පන්සලේ ම නැවතිලා ඉන්නවා. නිතිපතා නානාග්‍ර රසයෙන් ප්‍රතිමණ්ඩිත ප්‍රණීත භෝජන වළඳනවා නොවැ. අපිත් හරිම පහසුවෙන් ඉන්නේ. කිසි කරදරයක් නෑ. අනේ ඇවැත්නි.... මොනවාට දුක් විඳිනවාද! නිකමට වඩින්න ඒ පැත්තේ.... පාන්දරින් ගයා ශීර්ෂයට වැඩියොත් හීලෙට කැඳ වළඳින්ට පුළුවනි. ඊටපස්සේ දහඅට වැදෑරුම් රසකැවිලි වළඳින්ටත් පුළුවනි. දහවල ප්‍රණීත භෝජන වළඳින්ට පුළුවනි."

ඉතින් ඒ භික්ෂුව තමන්ට වඩින්ට කියලා නැවත නැවතත් කියන නිසා එය ඇසූ භික්ෂුවටත් ගයා ශීර්ෂයට වඩින්ට කැමැත්ත ඇතිවුනා. දවසක් මොහු පාන්දරින් වේළුවනයෙන් පිටත් වුනා. දෙව්දත්ගේ පන්සලට ගියා. කථාව ඇත්ත. කෑම බීම පිරිලා. එදා හොඳට දන් වළඳා සවස් වෙද්දී වේළුවනයට වැඩියා. මේ භික්ෂුව ටිකෙන් ටික ගයා ශීර්ෂයට යන්ට පුරුදු වුනා. නමුත් වැඩිකල් නොයා මේ භික්ෂුව ගයා ශීර්ෂයට යන රහස් ගමන ගැන බොහෝ භික්ෂූන්ට ආරංචි වුනා. තම යහළු භික්ෂූන් වහන්සේලා ඒ භික්ෂුවගෙන් මේ ගැන විමසුවා. "හැබෑද ඇවත.... දේවදත්තගේ පන්සලේ පිහිටවපු දන්වැටින් ගිහින් වළඳිනවා කියන්නේ?" "හප්පේ.... කවුදෑ කිව්වේ?" "අසවල් අසවල් භික්ෂූන් දැකලා තියෙනවා නොවැ. පාන්දරින් ම මෙහෙන් යනවාලු. හවස් වෙද්දි ආපහු

වඩිනවාලු" "ඇත්ත ඇවැත්නි.... මං ගයා ශීර්ෂයේ පන්සලට ගිහින් වැළඳුවා. එහේ මගේ යාළුවෙක් ඉන්නවා. ඒ නිසයි ගියේ. දේවදත්තත් සමග මගේ සම්බන්ධයක් නෑ. අනික එහේදි දේවදත්ත මට දන් බෙදුවේ නෑ. මට දන් බෙදුවේ මිනිස්සු."

"ඇෘ ඇවත.... ඔබ දන්නෙ නැද්ද, දේවදත්ත භාග්‍යවතුන් වහන්සේට විරුද්ධයි. දුස්සීලයි. අජාසත් කුමාරයාව පහදවා ගත්තේ ධර්මයෙන් නොවෙයි. අධාර්මිකව උපදවා ගත්තු ලාභ සත්කාරයක් ඔහුට තියෙන්නේ.... ඔබ මේ වගේ උතුම් බුදු සසුනක පැවිදි වෙලා ආහාර වේලක් වෙනුවෙන් අසත්පුරුෂයෙකු ළඟට යන එක හරිද? යමු යමු අපි භාග්‍යවතුන් වහන්සේව බැහැදකින්ට යමු" කියලා අර භික්ෂුව අදිමදි කරද්දි භාග්‍යවතුන් වහන්සේ ළඟට කැඳවාගෙන ගියා.

භාග්‍යවතුන් වහන්සේ එය දැක භික්ෂූන් අමතා වදාළා. "පින්වත් මහණෙනි, මේ භික්ෂුව අකමැත්තෙන් වගේ මෙහෙම කැඳවාගෙන එන්නේ ඇයි?" "ස්වාමීනී භාග්‍යවතුන් වහන්ස, මේ භික්ෂුව භාග්‍යවතුන් වහන්සේ ළඟ ඉතා ශ්‍රද්ධාවෙන් පැවිදි වූ කෙනෙක්. මේ ළඟකදී පටන් දේවදත්තගේ පන්සලට හොරෙන්ම ගොහින් ඔහු අධාර්මිකව උපදවා ගත් බොජුන් වළඳිනවා" "ඇත්තද භික්ෂුව...? දේවදත්ත අධාර්මිකව උපදවා ගත් බොජුන් ඔබ වළඳිනවාද?" "අනේ නෑ ස්වාමීනී.... දේවදත්ත මට දානෙ දුන්නේ නෑ. මට දන් බෙදුවේ මිනිස්සු. අනික මං දේවදත්තගේ මතය පිළිගත් කෙනෙකුත් නෙමෙයි."

"ඒ වුනාට එහෙම කරන්ට එපා භික්ෂුව. ඔබ ආහාර පිණිස වුනත් එතනට ගිය එක වැරදියි. දේවදත්ත

ජනයා අතර විශාල වශයෙන් අර්බුද හදනවා. එතකොට අන් අය ඔබවත් සැක කරන එක වළක්වන්ට බැහැ. ඔබ පෙර ආත්මෙත් ඔහොම තමයි. අවබෝධයකින් තොරව දැකපු දැකපු අයව ඇසුරු කරන්ට ගොහින් අමාරුවේ වැටුනා" කියා වදාළා. එතකොට භික්ෂූන් වහන්සේලා ඒ යටගියාවෙහි සිදුවීම කියාදෙන්ට කියා භාග්‍යවතුන් වහන්සේගෙන් ඉල්ලා සිටියා. භාග්‍යවතුන් වහන්සේ මේ ජාතකය වදාළා.

"පින්වත් මහණෙනි, ඈත අතීතයේ බරණැස් පුරයේ බ්‍රහ්මදත්ත නමින් රජ්ජුරු කෙනෙක් රාජ්‍යය කළා. ඒ කාලේ බෝධිසත්වයෝ පණ්ඩිත ඇමතියෙක් වෙලා ඒ රජ්ජුරුවන්ට අර්ථයෙන් ධර්මයෙන් අවවාද කළා. ඔය බරණැස් රජ්ජුරුවන්ට මහිලාමුඛ කියලා ඉතා යහපත් මංගල හස්තියෙක් හිටියා. ඒ ඇතා ඉතා කීකරුයි. ආචාර සම්පන්නයි. කාටවත්ම කරදරයක් කළේ නෑ.

දවසක් මහිලාමුඛ ඇත්රජා බැඳ සිටිය ශාලාව අයිනට සොරු රංචුවක් ආවා. ඔවුන් ඇතාට නොදුරින් වාඩිවෙලා සොරකම් කරන හැටි කථාබස් කළා. නායක සොරා අලුත් සොරුන්ට අවවාද කළා. "මේ.... ශීලාචාර ගතිගුණත් එක්ක සොරකම් කරන්ට බෑ. ඔහොම සුරතලේට බෑ. දරුණු වෙන්ට ඕනෑ. නපුරු වෙන්ට ඕනෑ. අනක් ගුණක් නැතිවෙන්ට ඕනෑ. හොරකමක් කරද්දි කිසි භයක් නැතුව ළඟට ආපු ඕනෑම එකෙක්ව මරාදාන්ට ඕනෑ. සිත සිතා හොරක්ම කරන්ට බෑ. ඕන්න මතක තියාගනිං. දැන් ඔය කරුණා දයා අතෑරපං. හොඳ හැටි නපුරු වෙයං" කියලා කිව්වා. එතන සිටිය මහිලාමුඛ ඇත්රජා හොඳට කන් යොමාගෙන අසාගෙන උන්නා. ඇතා සිතුවේ තමන්ට උපදෙස් දෙනවා කියලයි. පසුවදාත්

හොරු රංචුව එතනට ම රැස්වුනා. කලින් වගේම ඔවුන් සොරකම් ගැන කථා කළා. හොරෙක් දරුණු වෙන්ට ඕනෑ කොහොමද කියලා කියාදුන්නා. ඇතා හිතුවේම තමන්ට උපදෙස් දෙනවා කියලයි. ඉතින් ඇතාත් ඒ සෑම උපදේශයක් ම සිතට ගත්තා. මීට පස්සේ නම් ඒ උපදෙස් වලට අනුවම ඉන්ට ඕනෑ කියලා හිතුවා.

පසුවදා උදේ ඇත්ගොව්වා ආවා. මෙතෙක් කලක් කාටවත් කරදරයක් නොකළ හොඳ ඇතෙක් නිසා ඇත් ගොව්වා කිසි භයක් නැතුව වෙනදා වගේම ඇතා ළඟට ගියා. ඇතා සැණෙකින් හොඬෙන් අල්ලා උස්සා ඇත් ගොව්වා පොළවේ ගසා මැරුවා. එතනට එන එන ඇත් ගොව්වාව මරාදැම්මා. දැන් ඇතාව කාටවත්ම මේච්චල් කරගන්ට බෑ. මහා දරුණු ඇතෙක් වුනා. සේවකයන් වහා ගිහින් රජ්ජුරුවන්ට දැනුම් දුන්නා.

"දේවයන් වහන්ස, අර අප ළඟ සිටිය ශාන්ත ගතිගුණ තිබුනු මහිලාමුඛ ඇත්රජා හදිසියේම පිස්සු වැටිලා. මහා භයානක තත්වයකට පත්වෙලා කාටවත් ළං වෙන්ට බෑ. ළඟට එන එන කෙනාව මරනවා."

එතකොට රජ්ජුරුවෝ මේ ගැන වහාම සොයා බලන්ට කියලා බෝසත් ඇමතිතුමාව මහිලාමුඛ ඇත්රජා ළඟට පිටත් කළා. බෝධිසත්වයෝ එතනට ගොහින් ඉතා හොඳින් පරීක්ෂා කළා. ඇතාට රෝගයක් වැළඳුනු බවට කිසිම ලකුණක් නෑ. 'ම්.... දැනගන්ට නම් ඇතාට කිසිම රෝගයක් නෑ. කාගෙන් හරි වැරදි උපදේශයක් ලැබී තියෙන පාටයි.... ඇතා නරක් වුනේ ඒ නිසාම වෙන්ට ඕනෑ" කියා කල්පනා කොට වටේ සිටිය ඇත්ගොව්වන් ගෙන් ඇහුවා. "මේ ඇතා බැඳලා හිටිය කිට්ටුවෙන්

කවුරුහරි ඇවිත් මොනවහරි කතාබස් කළාද?" "එහෙමයි ස්වාමීනී.... කොලු රැනක් ඇවිත් දවස් කීපයක් රෑට රෑට ඔතන වාඩි වෙලා කථා කර කර හිටියා. ඊටපස්සේ තමයි ඇතා නරක් වුනේ" "එහෙනම් නිච්චියට ම ඒ කථා කරලා තියෙන්නේ හොරු වෙන්ට ඕනෑ. ඔවුන්ගේ කථාව අහලා තමයි ඇතාට මේ ඇබැද්දිය වුනේ" කියලා බෝසත් ඇමති රජ්ජුරුවන්ට දැනුම් දුන්නා. "දේවයන් වහන්ස, ඇතාට අසනීපයක් නෑ. හොරුන්නේ නපුරු බස් අසාගෙන ඉඳලා. තමන්ට ඒවා උගන්වනවා කියලා ඇතා රැවටිලා ඒ නිසයි නපුරු වෙලා තියෙන්නේ. දැන් කරන්ට තියෙන්නේ. සිල්වත් ශ්‍රමණ බ්‍රාහ්මණයන් ඇතාට ඇසෙන මායිමේ වාඩි කරවා යහපත් දේ අස්සවන එකයි. එතකොට හරියාවි."

රජ්ජුරුවෝ සිල්වත් ශ්‍රමණ බ්‍රාහ්මණයන්ව ඇත්හලේ පැත්තකින් වාඩි කෙරෙව්වා. එතකොට ඇතාට ඇහෙන්ට ඔවුන් කථාබස් කළා. "හා.... හා.... කේන්ති ගන්ට නාකයි. කලබොල වෙන්ටත් එපා. ඉවසන්ට ඕනෑ. කරුණාවන්ත වෙන්ට ඕනෑ. තමන් ළඟට එන කෙනාට ආදරයෙන් සළකන්ට ඕනෑ. කාටවත්ම හිරිහැර කරන්ට එපා. ආයෙ වරදක් වෙන්ට තියන්නේ නෑ කියලා හොඳ හැටියට සිතට ගන්ට ඕනෑ" කියා සාකච්ඡා කළා. මහිලාමුඛ ඇතා ඉතා හොඳට සවන් දීගෙන හිටියා. මෙයාලා ඇවිත් තමන්ට උගන්වනවා කියලා හිතුවා. තමන් ශාන්ත කෙනෙකු වෙන්ට ඕනෑ කියලා දැඩිව සිතට ගත්තා. එදා පටන් ඇතා යහපත් වුනා.

රජ්ජුරුවෝ බෝසත් ඇමතියාගෙන් ඇහුවා. "දරුව.... දැන් කොහොමද ඇතාට? කලින් වගේ ශාන්ත වුනාද?" "එහෙමයි දේවයන් වහන්ස, මෙබඳු දුෂ්ට

ඇතාත් නුවණැත්තන් නිසා තමන් ළඟ තිබුනු පැරණි ගුණදහම්වල නැවත පිහිටන්ට ලැබුනා" කියා මේ ගාථාව පැවසුවා.

"සොරුන්ගේ වදන් අසා නපුරුව
තම ඇත්ගොව්වන් ද නසා
මුළාව ගිය ඇත්රජා
සිල්වතුනගෙ බස් අසා
හැම ගුණයේ පිහිටියේ උතුම් ඇතා"

"දැක්කා නේද පින්වත් භික්ෂුව...? පෙර ආත්මෙත් ඔබ දැකපු දැකපු අයව ඇසුරු කරන්ට ගියා. සිතා බැලුවේ නෑ. සොරුන්ගේ වචන අසා සොරුන් ඇසුරට වැටුනා. සිල්වතුන්ගේ වචන අසා සිල්වතුන් ඇසුරට වැටුනා. දැන්වත් සිහිමුළා නොකරගෙන සිහි නුවණින් කටයුතු කරන්ට. එදා මහිලාමුඛ ඇතා වෙලා සිටියේ දේවදත්ත ගේ පිරිසේ ඇසුරට වැටුනු මේ භික්ෂුවයි. රජ්ජුරුවෝ වෙලා සිටියේ අපගේ ආනන්දයන්. නුවණැති ඇමතියා වෙලා සිටියේ මමයි" කියා භාග්‍යවතුන් වහන්සේ මෙම මහිලාමුඛ ජාතකය වදාළා.

07. අභිණ්හ ජාතකය
නිතර ඇසුර ගැන කථාව

පින්වතුනේ, පින්වත් දරුවනේ,

සාමාන්‍යයෙන් කාහටත් යාළු මිත්‍රයන් ඉන්නවා. ඇතැම් යාළුමිත්‍රකම් ඉතාමත් ලෙන්ගතුව බොහෝ කල් පවතිනවා. සමහරවිට එයට හේතුව පෙර ආත්මවල පටන් එන හිතවත් කමක් වෙන්ටත් බැරි නෑ. මේ කථාවත් එබඳු දෙයක් ගැනයි.

ඒ කාලේ අපගේ භාග්‍යවතුන් වහන්සේ වැඩවාසය කළේ සැවැත් නුවර ජේතවනයේ. ඔය කාලේ සැවැත් නුවර වයසක උපාසක මිතුරන් දෙදෙනෙක් සිටියා. එයින් එක් අයෙක් භාග්‍යවතුන් වහන්සේ ළඟ පැවිදි වුනා. ජේතවනයේ වාසය කළා. දැන් මේ මහලු පැවිද්දා සැවැත් නුවර පිඬුසිඟා වඩිනවා. දානෙ පාත්‍රයත් අරගෙන කෙලින්ම යන්නේ පැරණි යහලුවාගේ ගෙදරටයි. ඒ යහළුවාත් තම හිතවත් භික්ෂුව වෙනුවෙන් මොනවාහරි දනට පිළියෙල කරනවා. ඒ මිත්‍රයා තම හිතවත් භික්ෂුවට ඒ දානෙ පිළිගන්වනවා. ඊටපස්සේ තමාත් අනුභව කරනවා. අර භික්ෂුව විහාරයට වඩිද්දි යහළුවාත් ඒ සමගම යනවා. කුටියට ගොහින් බුලත්විටක් සප්පායම් වෙනවා. හොඳටම හවස් වෙනකල් අල්ලාප සල්ලාපයේ යෙදී සිටිනවා. ඊ බෝ වේගෙන එද්දි උපාසක තම නිවසට යන්ට පිටත්

වෙනවා. මහලු භික්ෂුවත් ඔහු සමග පසුගමන් ගොහින් මගට යනකල් ඇරලවනවා. මේ වයසක දෙන්නාගේ අඹ යහළුකම ගැන අනිත් භික්ෂූන්ටත් දැනගන්ට ලැබුනා. දම්සභා මණ්ඩපයේ රැස්වූ භික්ෂූන් වහන්සේලා මේ ගැන කථා කරමින් සිටියා. එතනට වැඩිය භාග්‍යවතුන් වහන්සේ මෙසේ වදාළා.

"පින්වත් මහණෙනි, ඔය දෙන්නාගේ යාළුකම මේ ආත්මයේ විතරක් නොවෙයි. පෙර ආත්මෙත් ඔය වගේමයි. දෙන්නට දෙන්නා වෙන් කරන්ට බෑ" එතකොට භික්ෂූන් වහන්සේලා මේ දෙන්නාගේ අපූරු හිතවත්කම ගැන පෙර ආත්මේ කථාව කියාදෙන්ට කියා භාග්‍යවතුන් වහන්සේගෙන් ඉල්ලා සිටියා. භාග්‍යවතුන් වහන්සේ මේ ජාතකය වදාළා.

"පින්වත් මහණෙනි, ඉතාම ඈත අතීතයේ බරණැස් නුවර බ්‍රහ්මදත්ත නම් රජ්ජුරු කෙනෙක් රාජ්‍යය කළා. ඒ කාලේ බෝධිසත්වයෝ ඒ රජ්ජුරුවන්ගේ ඇමතියෙක් වෙලා සිටියා. ඒ දවස්වල රජ්ජුරුවන්ගේ මංගල හස්ති රාජයා බැඳලා ඉන්න ශාලාවට එක් බලු පැටියෙක් එන්ට පුරුදු වුනා. ඌ ඇවිත් ඇතාට දෙන බත් වලින් වැටෙන බත්හුළු කන්ටත් පුරුදු වුනා. ටිකෙන් ටික මේ බල්ලා ඇතාට පුරුදු වුනා. පස්සේ දෙන්නට දෙන්නා ඉතාමත්ම හිතවත් වුනා. දැන් දෙන්නම අඹ යාළුවෝ. එකම බඳුනේ බත් කනවා. කලක් යනකොට දෙන්නට දෙන්නා වෙන් වී වාසය කරන්ට බැරිතරම් ළං වුනා. බල්ලා ඇත් සොඬය අරගෙන සෙල්ලම් කරනවා. මේ බලු පැටියත් ලස්සනයි. දවසක් ගමේ මිනිහෙක් ඇවිදින් ඇත්ගොව්වාට මුදල් දී අර බලුපැටියාව තමන්ගේ ගමට අරන් ගියා.

එදා පටන් තම ආදර බලුපැටියා දකින්ට නැති නිසා ඇතා වෙනස් වුනා. හැමතැනම වටපිටාවේ කැරකි

කැරකී ඇතා බලුපැටියාව සෙව්වා. කොහේවත් පේන්ට නෑ. ඇතාට සාංකාව වගේ. දැන් ඇතා කන්නෙත් නෑ. බොන්නෙත් නෑ. නාන්නෙත් නෑ. හූල්ල හූල්ලා ඉන්නවා. සේවකයෝ ගිහින් රජතුමාට මේ බව සැළකළා. මේ කාරණය සොයාබලන්ට කියා රජතුමා බෝසත් ඇමතියාව යෙදෙව්වා. "පණ්ඩිතයෙනි, ගිහින්ට බලන්ට. අපේ ඇත්රජාට හොඳටම අසනීපයිලු. කෑමක් බීමක් නෑමක් නැතුව බලාගත්ත අතේ බලාන ඉන්නවාලු"

බෝසත් ඇමතියා ගිහින් ඇතාව පරීක්ෂා කළා. දැනගන්ට කිසිම රෝගාබාධයක් නෑ. ඇත් ගොව්වාට කථා කළා. "එම්බා පුරුෂය.... මේ ඇතා රෝගාබාධයකින් පෙළෙන බවට ලකුණක් නෑ. මේ ඇතා බලවත් ශෝකයකින් ඉන්නා බව නම් පේනවා. කවුරුහරි සමග මේ ඇතා දැඩි මිත්‍රත්වයකින් සිටියාද?" "එහෙමයි හිමියනි.... බලන්ට එපායැ දෙන්නා සිටි අපූරුව. මෙහේට පුරුදු වෙලා හිටියා අපූරු බලු කුක්කෙක්. දෙන්නා හරිම විනෝදයෙන් සිටියේ. මනුස්සයෙක් ඒ බලුපැටියාව තමන්ගේ ගෙදර අරගෙන ගියා. එදා සිටන් තමයි මෙයා වෙනස් වුනේ" "දැන් කොහේද ඒ බලු කුක්කා ඉන්නේ?" "අනේ දන්නෙ නෑ හිමියනි" බෝධිසත්වයෝ රජ්ජුරුවන්ට ගිහින් කාරණාව පැහැදිලි කොට මේ ගාථාව පැවසුවා.

"ඇත්රජා නැත බත් කන්නේ
නැත තණ කන්නේ නැත නාගන්නේ
බල්ලා සමගයි ආදරයෙන් උන්නේ
දැන් දකින්ට ඌ නොලැබෙන්නේ
ඒකයි හේ සෝකෙන් ඉන්නේ"

එතකොට රජ්ජුරුවෝ ඇමතියාගෙන් මෙහෙම ඇහුවා. "පණ්ඩිතයෙනි, දැන් අපි මොකදෑ කරන්නේ?

කොහොමහරි අපේ ඇත්රජාව බේරාගන්ට ඕනෑ" "දේවයන් වහන්ස, දැන් කරන්ට තියෙන්නේ එක දෙයයි. 'අපගේ මංගල හස්තිරාජයාගේ ගජමිතුරා වූ බලුකුක්කාව එක්තරා මිනිසෙක් ගෙන ගොහින් තිබේ. යමෙකුගේ නිවසේ ඒ බලු පැටියා දකින්ට ලැබුනොත් ඔහුට මේ මේ දඬුවම් විඳින්ට සිදුවෙයි. එයින් බේරෙන්ට නම් වහාම බලුපැටියා කලින් සිටිය තැනට ගෙනැවිත් දැමිය යුත්තේය' කියා අඬබෙර ගස්සවන්ට."

එතකොට රජ්ජුරුවෝ අඬබෙර ගැස්සුවා. බලුපැටියා ගෙන ගිය මිනිසා හොඳටෝම භය වුනා. හොරෙන්ම බලු පැටියා ගෙනැවිත් ඇතින් තිබ්බා. එතකොට බලු පැටියා කන්දෙක උස්සාගෙන එක පිම්මේ ඇතාව සොයා දුවගෙන ආවා. ඇත් සොඬේ බදාගෙන ලෙවකන්ට පටන් ගත්තා. ඇතාත් බලුපැටියාව සොඬෙන් අරගෙන ඇත්කුඹ මත තියාගෙන නටන්ට පටන් ගත්තා. සතුටෙන් පෙරලුනා. කඳුළු සැලුවා. ඇත්කුඹෙන් බස්සවලා ඉස්සෙල්ලාම බල්ලාට කන්ට දුන්නා. ඊටපස්සෙයි ඇතා කෑවේ. ඇත්රජා සුවපත් වීම ගැන රජ්ජුරුවන්ට ගොඩාක් සතුටුයි. තිරිසන්ගත සත්වයන්ගේ අදහස් පවා තේරුම් ගන්ට ඇමතියා දක්ෂ වීම ගැන සතුටු වූ රජ්ජුරුවෝ ඔහුට බොහෝ තෑගිබෝග දුන්නා.

"පින්වත් මහණෙනි, මේ දෙන්නාගේ විශ්වාසය ඔය විදිහට පෙර ආත්මේ ඉඳන් එන එකක්. එදා ඇතා වෙලා සිටියේ ඒ මහලු භික්ෂුව. බලු පැටියා වෙලා උන්නේ ඒ උපාසක. ඇමතියා වෙලා සිටියේ මමයි" කියා භාග්‍යවතුන් වහන්සේ මේ අභිණ්හ ජාතකය වදාළා.

08. නන්දිවිසාල ජාතකය

නන්දිවිසාල මහා වෘෂභ රාජයාගේ කථාව

පින්වතුනේ, පින්වත් දරුවනේ,

කවුරුත් පාහේ කලබල වූ අවස්ථා වලත් වැඩිදුර නොසිතාත් නොසරුප් වදන් කථා කරන අවස්ථා දකින්ට ලැබෙනවා. නමුත් බොහෝ විට එයින් යහපතක් සිදුවන්නේ නෑ. ඕනෑතරම් පාඩු නම් සිදුවෙනවා. අනුන් හෙළා තලා කථා කිරීම නොකළ යුතු දෙයක් මයි.

අපගේ භාග්‍යවතුන් වහන්සේ සැවැත් නුවර වැඩ වාසය කරන කාලේ ඡබ්බග්ගිය නමින් සය දෙනෙකුගේ භික්ෂු කල්ලියක් වාසය කළා. ඔවුන් අනිත් භික්ෂූන් වහන්සේලා සමග ඉතා සුළු දෙයට පවා රණ්ඩුවට පැටලෙනවා. බැණ වදිනවා. හෙළ දැක කථා කරනවා. ඇණුම්පද කියනවා. නොයෙක් කරුණු කිය කියා ආක්‍රෝශ පරිභව කරනවා. භික්ෂූන් වහන්සේලා භාග්‍යවතුන් වහන්සේට මෙය සැළකළා. භාග්‍යවතුන් වහන්සේ ඡබ්බග්ගිය භික්ෂූන් කැඳවා ඔවුන්ගෙන් ඒ ගැන විමසුවා. එම චෝදනාව සත්‍යයක් බව ඔවුන් පිළිගත්තා. ඔවුන්ගේ ඒ දෝෂය ගැන අප්‍රසාදය පළ කළ භාග්‍යවතුන් වහන්සේ මෙසේ වදාළා.

"මහණෙනි.... එරුෂ වචන වලට තිරිසන්ගත සතුන්වත් කැමති නෑ. ඉස්සර කාලේ එක් තිරිසන්ගත සත්වයෙක් තමන්ව හෙළා දැක කථා කිරීම නිසා ඒ කෙනාව කහවණු දහසකින් පරාජයට පත් කෙරෙව්වා" "ස්වාමීනී භාග්‍යවතුන් වහන්ස, අපි ඒ කථාව දැනගන්ට කැමතියි. එය අපට වදාරන සේක්වා" කියලා භික්ෂූන් වහන්සේලා භාග්‍යවතුන් වහන්සේගෙන් ඉල්ලා සිටියා. භාග්‍යවතුන් වහන්සේ මේ ජාතකය වදාළා.

"පින්වත් මහණෙනි, ඉතාම ඈත කාලෙක ගන්ධාර රටේ තක්ෂසිලාවෙහි ගන්ධාර නමින් රජ්ජුරු කෙනෙක් රාජ්‍යය කළා. ඒ කාලයේ බෝධිසත්වයෝ ගව යෝනියේ ඉපිද සිටියා. ඔහු වසු පැටියා කාලේ එක්තරා බ්‍රාහ්මණයෙකුට ගව දක්ෂිණාවක් හැටියට දායකයෙකු ගෙන් ඔහුව තෑගි ලැබුනා. මේ බ්‍රාහ්මණයාත් තමන් ලද වසුපැටියාව දරුවෙකුට වගේ ආදරයෙන් රැකබලා ගත්තා. මහත් දරු පෙමින් කවා පොවා නහවා ඇතිදැඩි කළා. බෝසත් ගවයාත් ක්‍රමයෙන් හැදී වැඩී මහා වෘෂභ රාජයෙක් වුනා. බ්‍රාහ්මණයා මොහුට නන්දිවිසාල කියා නම තැබුවා. දවසක් මේ ගවයා මෙහෙම කල්පනා කළා. 'මේ බ්‍රාහ්මණයා ඉතා දුකසේ මාව ඇතිදැඩි කළා. මා සමග බර උසුලන්ට සමර්ථ වූ වෙන කිසි ගවයෙක් මේ දඹදිව නම් නෑ. ඒ නිසා මං මගේ බලපරාක්‍රම දක්වලා අපේ බ්‍රාහ්මණයාට මාව ඇතිදැඩි කළ දෙයට කිසියම් ගෙවීමක් කරන්ට ඕනෑ' කියලා නන්දිවිසාල බ්‍රාහ්මණයාට මෙහෙම කිව්වා.

"බ්‍රාහ්මණය, ඔබ ගව සම්පත් ඇති සිටුවරයෙකු ළඟට යන්ට. ගිහින් එකට බැඳපු කරත්ත සියයක් අදින්ට පුළුවන් සවි ශක්තිය ඇති ගවයෙක් තමන්ට ඉන්න

බව කියලා කහවණු දහසකින් ඔට්ටු අල්ලන්ට" ඉතින් බ්‍රාහ්මණයා නන්දිවිසාලගේ කීම අහලා සිටුවරයා ළඟට ගිහින් කථාව පටන් ගත්තා. "සිටුවරය.... මේ නගරයේ කාගේ ගවයාද මහත් ශක්ති සම්පන්න?" "බ්‍රාහ්මණය, අසවල් අසවල් අය ළඟත් මහා බලසම්පන්න ගවයන් ඉන්නවාලු. ඒ වුනත් මා ළඟ ඉන්න ගවයන් තරම් ශක්ති සම්පන්නයි කියලා මං නම් හිතන්නේ නෑ" "නෑ.... එහෙම කියන්ට එපා සිටුතුමනි, මා ළඟත් අපූරු ගවයෙක් ඉන්නවා. මගේ ගවයාට එකට බැඳපු ගැල් සියයක් අදින එක සුළු දෙයක්" "හෑ.... අනේ බ්‍රාහ්මණය, එහෙම ගවයෝ ඉන්නේ කොහේද?" "ඇයි.... මගේ ගෙදර ඉන්නවා" "එහෙනම් ඔට්ටු අල්ලමුද?" "හරි.... මං කහවණු දහසකින් ඔට්ටු අල්ලනවා"

ඔවුන් ඔට්ටුව සඳහා දිනයක් තීන්දු කරගත්තා. වැලිගල් පුරවපු කරත්ත සියයක් එකට තිබ්බා. එකට එකක් හේත්තු කොට දෙපැත්තට ලී පතුරු බැඳ ගැටගැසුවා. යොතින් බැන්දා. බ්‍රාහ්මණයා නන්දිවිසාලව ස්නානය කෙරෙව්වා. සුවඳ කුඩු වලින් ඇඟිලි පහම හිටින්ට ඉරි ඇන්දා. මල් මාලයක් පැළැන්දුවා. මුල්ම කරත්තෙට ගැට ගැහුවා. "හා..... දැන් ඇදපිය.... කුළු හරකෝ දැන් ඇදපිය කුළු හරකෝ...." කියලා කෑගැහුවා. නන්දිවිසාලට ඒ හඬ අමුතුයි. මෙතෙක් කල් එබඳු වචනයක් බ්‍රාහ්මණයා ගෙන් අහලා නෑ. නන්දිවිසාල සිතට ගත් වීරිය එතැනම නැතිවුනා. සිත කඩාවැටුනා. සතර පාදයන්ම ගල් කණු වගේ නොසොල්වාගෙන හිටියා. සිටුවරයා එසැණින්ම කහවණු දහසක් බ්‍රාහ්මණයාගෙන් ලබාගත්තා. පරාජිත බ්‍රාහ්මණයා නිශ්ශබ්දවම ගවයාත් ලිහාගෙන ශෝකයෙන් ගෙදර ආවා. ඇඳේ වැතිරිලා සුසුම් හෙළුවා. නන්දිවිසාල

ගොඩාක් වෙලා බ්‍රාහ්මණයා දෙස ඇස්පිය නොහෙළා බලා සිටියා. බ්‍රාහ්මණයා ළඟට ගිහින් මෙහෙම ඇහුවා.

"බ්‍රාහ්මණය, ඇයි මේ නිදාගෙන?"

"මොන නින්දක්ද? මං කහවණු දහසක් පරාදයි!"

"හැබැට බ්‍රාහ්මණය, ඔබ කියපු හැටියට මං කුළු හරකෙක්ද? ඔබේ ගෙදර මෙතෙක් කල් මං ඉන්නවා. මෙතෙක් කාලෙකට මං එක මැටි වළඳක් බිඳලා තියෙනවද? කාටවත් හිංසා මාත්‍රයක් කර තියෙනවාද? නුසුදුසු තැනක මළමුත්‍රා කරලා තියෙනවාද?"

"අනේ නෑ.... මයෙ පුතේ.... නුඹ මට කවරදාකවත් අකීකරුකමක් කරලා නෑ."

"ඒක නේන්නම්..... එහෙනම් ඇයි මට කුළු හරකාය කියලා කිව්වේ? ඔබේමයි වැරැද්ද. මගේ වැරැද්දක් නෑ. බ්‍රාහ්මණය, අයෙමත් යන්ට. ගිහින් මේ වතාවේ කහවණු දෙදහසකින් ඔට්ටු අල්ලන්ට. හැබැයි ඕං.... මට කුළු හරකාය කියලා විතරක් කියන්ට එපා."

එතකොට බ්‍රාහ්මණයා සිටුවරයා ළඟට ගිහින් කහවණු දෙදහසකින් ඔට්ටු ඇල්ලුවා. සිටුවරයාත් කැමති වුනා. කලින් වගේ ගැල් සියයක ගල්වැලි පුරවා පෙළට තියා එකිනෙක බැන්දා. කලින් වගේම නන්දිවිසාලව සරසාගෙන ආවා. මුල් කරත්තයේ බැන්දා. බ්‍රාහ්මණයා කරත්තේ ඉදිරිපස වාඩිවුනා. නන්දිවිසාලගේ පිට පිරිමැද්දා. "මගේ සුන්දර රජෝ.... අදින්ට මේ ගැල, මගේ සුන්දර රජෝ.... අදින්ට මේ ගැල" කිව්වා විතරයි. බෝධිසත්වයෝ එකට බැඳපු ගැල් සියයම එක හුස්මට ඇදගෙන ගිහින් මුලින් ගැල තිබුණු තැනට සියවෙනි ගැල ඇදගෙන ආවා.

සියලු දෙනා මහා හඬින් ඔල්වරසන් දුන්නා. නන්දිවිසාල ගවයාට මල් ඉස්සා. පරාජිත සිටුවරයා බ්‍රාහ්මණයාට කහවණු දෙදහසක් දුන්නා. නන්දිවිසාලටත් තෑගිභෝග ලැබුනා. බෝධිසත්වයෝ නිසා බ්‍රාහ්මණයාට සෑහෙන්න වස්තුව ලැබුනා.

පින්වතුනේ, පින්වත් දරුවනේ, මෙසේ වදාළ භාග්‍යවතුන් වහන්සේ 'ඕමසවාදේ පාචිත්තියං' යනුවෙන් භික්ෂූන් ඔවුනොවුන්ට හෙළා දැක කථා කිරීම වරදක් බවට ශික්ෂාපදයකුත් පණවා වදාළා. ඊටපස්සේ භාග්‍යවතුන් වහන්සේ මේ ගාථාව වදාළා.

"මියුරු වදන් ම ය පැවසිය යුත්තේ
නොමනා දේ කිය යුතු නැත කිසිදා
මියුරු වදන් අසනා ගවයා පවා
මහත් බරක් උසුලා යන්නේ
ධනය ඔහුට ලැබදුන්නේ මියුරු වදන් නිසා ම යි"

එදා බ්‍රාහ්මණයා වෙලා සිටියේ අපගේ ආනන්දයන් වහන්සේ. නන්දිවිසාල වෙලා සිටියේ අපගේ භාග්‍යවතුන් වහන්සේ.

09. කණ්හ ජාතකය

කළු වෘෂභයාගේ කථාව

පින්වතුනේ, පින්වත් දරුවනේ,

වගකීම් හැමෝටම දරන්ට බෑ. ඕනෑම වගකීමක් දරන්ට පුළුවන් අය ඉන්නවා. අපගේ භාග්‍යවතුන් වහන්සේ අන්න එබඳු උත්තමයෙක්. දවසක් අපගේ භාග්‍යවතුන් වහන්සේ අසවල් දවසේ ගණ්ඩබ්බ වෘක්ෂ මූලයේදී ප්‍රාතිහාර්යය පානවා කියා ප්‍රසිද්ධියේ ප්‍රතිඥා දුන්නා. එතකොට ඒ කාලේ ශාස්තෘවරු හැටියට ප්‍රසිද්ධව සිටි ෂඩ් ශාස්තෘවරු අපිත් ප්‍රාතිහාර්යය පාන්ට දන්නවා නොවැ කියලා ඉදිරිපත් වුනා. කිසිවක් කරගන්නට බැරිව පසුබා ගොහින් සැඟවුනා. අපගේ භාග්‍යවතුන් වහන්සේ යමක මහා ප්‍රාතිහාර්යය දක්වා දෙව්ලොවට වැඩියා. දෙව්ලොව වස් වැසුවා. වස් පවාරණයෙන් පස්සේ සංකස්සට වැඩම කොට මහා පිරිවර සහිතව ජේතවනයට වැඩියා.

දම්සභා මණ්ඩපයේ රැස්වූ භික්ෂූන් වහන්සේලා භාග්‍යවතුන් වහන්සේගේ මේ ආශ්චර්යය ගැන කථා කරමින් සිටියා. එතැනට වැඩිය භාග්‍යවතුන් වහන්සේ තමන් පෙර තිරිසන්ගත අවස්ථාවේ පවා ඉතා බලවත්ව වගකීම් දැරූ බව වදාළා. ඒ භික්ෂූන් වහන්සේලාගේ ඉල්ලීම මත භාග්‍යවතුන් වහන්සේ මේ ජාතකය වදාළා.

"පින්වත් මහණෙනි, ගොඩාක් ඉස්සර කාලෙක බරණැස් පුරේ බ්‍රහ්මදත්ත නමින් රජ්ජුරු කෙනෙක් වාසය කළා. ඒ කාලේ බෝධිසත්වයෝ ගව යෝනියෙහි ඉපිද සිටියා. මේ ගවයා පැටියා කාලේ එක්තරා මැහැලියකගේ ගෙදර නැවැත්තුවා. හැදූ වැඩූ කුලිය ගෙවාගන්ට බැරිවීමෙන් ඒ මැහැලියට ම වහු පැටියා සින්න වුනා. මේ ආච්චි සිය ගව පැටියාට මහත් ආදරයෙන් යුක්තයි. තමන්ගේ දරුවෙකුට වගේ කන්ට බොන්ට දී ඇතිදැඩි කළා. මේ ගවයා තද කළු පාටයි. මේ නිසා 'ආච්චිගේ කලුවා' කියා මේ ගවයා ප්‍රසිද්ධ වුනා. තරුණ වයසට පත්වෙද්දි මොහු මහා උස මහතකින් යුතු වෘෂභ රාජයෙකුගේ පෙනුම ඇති මහා ගවයෙක් වුනා. අනිත් ගවයන් එක්ක මොහු ඇවිදින්ට යනවා. නමුත් කිසි කලබලයක් නෑ. හරිම ශීලාචාරයි. කාටවත් හිංසා පීඩාවක් කරන්නේ නෑ. හැමෝම මේ ගවයාට ආදරෙයි. ගමේ කොලු ගැටව් මේ ගවයාගේ අං දෙකෙන් එල්ලෙනවා. කන් දෙකෙනුත් එල්ලෙනවා. බෙල්ලෙනුත් එල්ලෙනවා. පිටේ නගිනවා. වලිගයෙන් අදිනවා. කොලු ගැටවුන්ට ඕනෑ දෙයක් කරන්ට ඇරලා ආච්චිගේ කලුවා පාඩුවේ ඉන්නවා.

දවසක් බෝධිසත්වයෝ මෙහෙම කල්පනා කළා. 'අනේ මගේ මෑණියෝ මාව හදාවඩා ගන්ට බොහෝ දුක් වින්දා. මාත් මොකාක්හරි වැඩක් පලක් කරලා මේ දිළිඳු බවින් ඇව මුදවා ගන්ට ඕනෑ' එදා පටන් මේ ගවයා නිතරම වැඩක් පොලක් සොයමින් සිටියා. දවසක් ගැල්කරුවෙකුගේ පුතෙක් පන්සියයක් ගැල් අරගෙන වැරදි තොටුපලකින් ගොඩකරවන්ට ගොහින් ඒ ගැල් ඔක්කෝම එරුනා. ඔහුගේ ගවයන්ට ඒවා අදින්ට

පුළුවන් වුනේ නෑ. ගැල් පන්සීයේම ගොන්නු එක පෙළට තබ්බවලා අදින්ට ගියත් එක ගැලක්වත් සොලවන්ට බැරිවුනා. මේ වෙලාවේ බෝසත් ගවයාත් ගමේ ගවරැල සමගින් ඒ තොටුපල අසළ ගැවසෙමින් සිටියා. ගැල්කරුවාගේ පුත්‍රයා ගවයන්ගේ සළකුණු වලින් ඔවුන් සතු දක්ෂතා හඳුනාගන්ට දන්නවා. අර ගවයන් අතරවත් අපේ ගැල අදින්ට පුළුවන් ගවයෙක් ඉන්නවාද කියලා බැලුවා. එතකොට බෝසත් ගවයාව දකින්ට ලැබුනා. 'හප්පේ.... යාන්තම් ඇති.... අන්න.... අර ඉන්නේ.... අපූරු ආජානීය වෘෂභ රාජයෙක් නොවැ. මෙයාට නම් ගැල් පන්සීයම වුනත් ගොඩ දමන්ට ඇහැක් වේවි' මෙහෙම හිතලා ළමයින්ට කථා කළා. "ඒයි ළමයිනේ.... කවුද මේ ගවයාගේ අයිතිකාරයා? හරි අපූරු ගවයෙක් නොවැ. මට මේ ගවයාගෙන් මගේ ගැලට උදව් ගන්ට ඕනෑ. මං ඒකට ගෙවීමක් කරනවා" එතකොට ළමයි මෙහෙම කිව්වා. "මේ වෙලාවේ මෙතන මෙයාගේ අයිතිකාරයෝ නෑ. එක්කරගෙන ගිහින් ඕනෑ වැඩක් අරගන්ට."

එතකොට ගැල්කරු පුත්‍රයා බෝසත් ගවයාට නාස් ලණුව දැම්මා. අරගෙන යන්ට ඇද්දා. ගල් කුලක් වගේ බෝසත් ගවයා නොසැලී සිටියා. ගැල්කරු පුත්‍රයාට ගවයාගේ අදහස තේරුනා. ඔහු මෙහෙම කිව්වා. "ස්වාමී.... මට පිහිට වෙයං. මගේ ගැල් පන්සීය ගොඩ දැම්මොත් එක ගැලකට කහවණු දෙක ගානේ මං නුඹට කහවණු දහසක් දෙනවා. මාව විශ්වාස කරපං."

එතකොට බෝසත් ගවයා කැමැත්තෙන්ම පිටත් වුනා. මිනිස්සු බෝසත් ගවයාව ගැලේ බැන්දා. ගවයා එක හුස්මට ගැල ගොඩට ඇදගෙන ආවා. ඔය ක්‍රමයෙන් ගැල් පන්සියයම ගොඩ ගත්තා. ගැල්කරු පුත්‍රයා ගවයා

ඉදිරියට මල්ලක් ගෙනවා. ගවයාට පෙනෙන්ට එක් ගැලකට කහවණුව බැගින් කහවණු පන්සියයක් දැම්මා. "ඕං පුතේ.... ගාණ හරි" කියලා ගවයාගේ ගෙලේ බැන්දා. ගවයාට මෙහෙම හිතුනා. 'ආහා.... දැන් මෙහෙමද මෙයා? කලින් කතා කරපු ගාණ නොදී ඉන්ටයි යන්නේ. මට පොරොන්දු වූ ගාණ දෙනකල් මං මෙයාලට යන්ට දෙන්නේ නෑ' කියලා ඔවුන්ට යන්ට බැරි විදිහට පාර හරස් කරගෙන සිටගත්තා. ගවයාව පාරෙන් ඉවත් කරන්ට මොනතරම් මහන්සි ගත්තත් බැරිවුනා. ගැල්කරු පුත්‍රයාට ගවයාගේ අදහස තේරුනා. අන්තිමේදී ඉතුරු කහවණු පන්සීයත් ගණන් කරලාම ගවයාට පෙන්නලා මල්ලට දැම්මා. එතකොට ගවයා පාරෙන් ඉවත් වෙලා ඔවුන්ට යන්ට ඉඩ දුන්නා. එදා බෝධිසත්වයන්ට හරි සතුටුයි. සල්ලි මල්ලත් බෙල්ලේ එල්ලාගෙන මැණියන් ළඟට යන්ට පිටත් වුනා. ගමේ කොලු ගැටව් ගවයාව වටකර ගත්තා. "හාහා.... අද සරුයි වගේ. අපිත් බලමු ආච්චිගේ කලූට මොනවාද ලැබුනේ කියලා" ඔවුන් ළං වුනා. එතකොට ගවයා සැරෙන් පිඹලා ඔවුන්ව පළවා හැරියා. මැණියන් ළඟට දුවගෙන ගියා.

ගැල් පන්සීයක් ම එක දිගට නොනවත්වා ඇදපු නිසා ගවයා හොඳටම හෙම්බත් වෙලා සිටියා. දෑස් රතුවෙලා තිබුනා. අධික වෙහෙසකින් යුක්ත වුනා. ආච්චි මල්ල අතට ගත්තා. "මයෙ පුතේ.... මොනාද මේ මට ගෙනාවේ.... හප්පේ... කහවණු නොවැ. කොහෙන්ද මේවා?" එතකොට පස්සෙන් දුවගෙන ආපු කොලු පැටව් විස්තර කිව්වා. මැණියන්ට ගොඩාක් දුක හිතුනා. "අනේ මයෙ පුතේ.... උඹ වැඩපළ කරලා ගේන මුදලින් මට ජීවත් වෙලා මොකටද? අනේ... මෙහෙම දුක් විඳින්ට

එපා පුතේ!" කියලා ආච්චි එදා බෝසත් ගවයාව රස්නෙ වතුරෙන් නැව්වා. මුළු ඇඟේම තෙල් ගෑවා. පැන් පෙව්වා. කෑම කැව්වා. ආදරෙන් උපස්ථාන කළා.

පින්වත් මහණෙනි, දැන් පමණක් නොවෙයි. තථාගතයන් සමාන වගකීම් උසුලන්ට හැකි කෙනෙක් ඒ කාලේ සිටියෙත් නෑ" කියලා මෙය වදාළ භාග්‍යවතුන් වහන්සේ මේ ගාථාව වදාළා.

"යම් යම් තැනදී උසුලයි නම් වගකීම්
කොතරම් බරපතල නමුත් එය උසුලන්නේ ම ය
අන් ගවයන් හට නොහැකිව අසරණ වූ ඒ ගැල
තනියම උසුලා ඒ කළු ගවයා
ඉසිලුවේය වගකීම මැනවින්"

පින්වත් මහණෙනි, එදා ආච්චි වෙලා සිටියේ උප්පලවණ්ණාවෝ ය. ආච්චිගේ කලුවා වෙලා සිටියේ මමයි" කියා භාග්‍යවතුන් වහන්සේ මේ කණ්හ ජාතකය වදාළා.

10. මුනික ජාතකය

මුනික ඌරාගේ කථාව

පින්වතුනේ, පින්වත් දරුවනේ,

අපට නොතේරුනාට බොහෝ විට බොහෝ දෙනෙකුට මුහුණ දෙන්ට සිදුවන්නේ එකම විදිහේ සාංසාරික අත්දැකීම් වලටයි. වෙනත් ආත්මවල සිදු වූ කරදර ඒ ක්‍රමයටම නොවුනත් ඒ කරදර කළවුන් අතින්ම වෙනත් අයුරකින් සිදුවෙන්ට ඉඩ තියෙනවා. කලින් ආත්මේ කරදර ලැබුන අය අතින්ම මේ ආත්මයේදීත් ඔවුන්ට කරදර වෙන්ට පුළුවනි. මෙයත් එබඳු කථාවක්.

සැවැත් නුවර සිටි එක්තරා තරුණයෙක් මහත් ශ්‍රද්ධාවෙන් පැවිදි බවට පත්වුනා. ටික දවසක් යද්දි පැවිද්දෙකු විසින් කළයුතු ධර්ම ශ්‍රවණය, ධර්මය පාඩම් කිරීම, ධර්ම මනසිකාරය, වත් පිළිවෙත් ආදියට මේ භික්ෂුව කම්මැළි වුනා. දායකයින් සමග කුලුපගව වාසය කරන්ට කැමති වුනා. ඉතින් මේ භික්ෂුවට සැවැත් නුවර එක්තරා නිවසකින් විශේෂ කොට සැලකුවා. ප්‍රණීත කෑම වර්ග වෙනම හදලා දුන්නා. මේ භික්ෂුව රස රාගයට බැඳුනා. මොහු සිතුවේ ඔවුන් ඉතා ශ්‍රද්ධාවෙන් හිතවත්ව ඉන්නවා කියලයි. ඔවුන්ට තිබුනේ වෙනත් අදහසක්. දීග දීගන්ට බැරි ගෙදර කෙලීව මේ භික්ෂුවගේ කරේ

එල්ලන්ටයි අදහස තිබුනේ. දවසක් ඒ ගෙදර මැණියන් දානයෙන් පසු ගෙදර ඇති වත්කම් ගැන කියන්ට පටන් ගත්තා. දීග යන්ට බැරි දියණියත් ඇවිත් ඉඟිබිඟි පාමින් තොදොල් වෙන්ට පටන් ගත්තා. ප්‍රමාදයෙන් වාසය කළ මේ භික්ෂුවගේ සිත නොමග ගියා. රාගයම වැළඳ ගත්තා. සිවුරු හැර යන්ට ඕනෑ කියලා තීරණය කළා. එදාම තම ආචාර්යයන් වහන්සේ මුණ ගැසී තමන්ට පැවිදි ජීවිතය ගෙනයන්ට අසීරු බවත්, තද හිසේ කැක්කුමක් ඇති බවත්, බොහෝ සෙයින් හිත විසිරෙන බවත් කියා සිටියා. ආචාර්යයන් වහන්සේ තවදුරටත් සිය ශිෂ්‍ය භික්ෂුවගෙන් විමසද්දී කිසියම් ස්ත්‍රියකගේ පෙළඹවීමකින් මොහු නොමග ගොස් ඇති බව වැටහුනා. එතකොට උන්වහන්සේ භාග්‍යවතුන් වහන්සේ වෙත මේ භික්ෂුව කැඳවාගෙන ගියා. භාග්‍යවතුන් වහන්සේට සියලු තොරතුරු සැළකොට සිටියා. භාග්‍යවතුන් වහන්සේ ඒ භික්ෂුවගෙන් මෙසේ අසා වදාළා.

"හැබෑද භික්ෂුව.... සිවුරු හරින්ටමද සිතෙන්නේ?"

"එහෙමයි ස්වාමීනී."

"මොකද එහෙම පැවිද්ද එපා වුනේ?"

"ස්වාමීනී.... ඉතින් ඒ ගෑණු ළමයා නොයෙක් කරුණු කිව්වා. එතකොට මගේ සිත අවුල් වෙලා ගියා. මට දැන් සිවුරට ආසාවක් නෑ."

"භික්ෂුව, ඔබ දන්නවාද පෙර ආත්මේ ඒ ගෑණු ළමයා කවුද කියලා?"

"නෑ ස්වාමීනී."

"භික්ෂුව, පෙර ආත්මේ ඔබව විනාශ කළේ ඔය ගෑණු ළමයා තමයි. ඔය ගෑණු ළමයාගේ කසාදෙ දවසේ ඔබට ඒ වෙනුවෙන් ජීවිතක්ෂයට පත්වෙලා මිනිස්සුන්ගේ ආහාරය පිණිස මඟුල් මේසයට යන්ට සිද්ධ වුනා" එතකොට භික්ෂූන් වහන්සේලාට ඒ කථාව දැනගන්ට ඕනෑ වුනා. භාග්‍යවතුන් වහන්සේ මේ ජාතකය වදාළා.

"පින්වත් මහණෙනි, ඈත අතීතයේ බරණැස් පුරේ බ්‍රහ්මදත්ත නම් රජ්ජුරු කෙනෙක් රාජ්‍යය කළා. ඒ කාලේ බෝධිසත්වයෝ එක්තරා ගමක ගොවි ගෙදරක ගවයෙක් වෙලා උපන්නා. ඔවුන් ඒ ගවයාට මහාලෝහිත කියා නම දැම්මා. ටික කලකින් ඒ ගෙදර ගව දෙනට තවත් පැටියෙක් ලැබුනා. ඔහුට චුල්ල ලෝහිත කියා නම දැම්මා. මේ සහෝදර ගවයන් දෙන්නා ගොඩාක් මහන්සි වෙලා වැඩ කරනවා. ඒ නිසා ම ඒ ගෙදරට සෑහෙන දියුණුවක් ලැබුනා. ඒ ගෙදර දියණියක් ඉන්නවා. ඒ දියණිය ඉතා ආදරයෙන් ඌරෙකුට සලකනවා. ඒ ඌරාගේ නම මුනික. හොඳට කැඳබත් ආදිය දීම නිසා ඌරා උස මහතට තරව වැඩුනා. ඒ ගෙදර ඌරාට පමණක් ආදරයෙන් කෑම බීම දෙන නිසා චුල්ල ලෝහිත ඒ ගැන සතුටු වුනේ නෑ. දවසක් ඔහු මහා ලෝහිතට මෙහෙම කිව්වා.

"බලන්ට.... මේ ගෙදර වැඩ කටයුතු ඔක්කොම කරන්නේ අපි. නමුත් අපට ලැබෙන්නේ තණකොළයි පිදුරුයි විතරයි. හප්පා.... ඒකට අර.... බලන්ට එපායැ මුනිකයාට තියෙන සැළකිළි. අර.... කෑම්බීම් ඔක්කෝම ගිහින් කවන්නේ පොවන්නේ ඒකාට නොවැ. එහෙම සැළකිළි ලබන්ට කාරණය මොකක්ද?"

"හා.... හා.... චුල්ල ලෝහිත, මේකාගේ කෑමට නම් ආසා කොරන්ට එපා. ඔය ඌරා අනුභව කරන්නේ

මරණ බතයි. තව ටික දොහයි ඕකා කෑම කන්නේ. මං අසාගෙන සිටියා අර කෑම දෙන කුමාරිව සහේට ගන්ට මිනිහෙක් එනවා. එදා මඟුල් දවස. ඒ මංගල්ලෙට එන මිනිස්සුන්ගේ මඟුල් මේසෙට යවන්ට හදන්නේ ඌරා මරාපු මසින් හදන වෑංජනයි.... අපට මේවා දෑසින් දකින්ට ම ලැබේවි" කියලා මේ ගාථාව කිව්වා.

"මුනිකයා කන බොජුන් ගැන නම්
එපා ආසාවක් කරන්නට
තලු මරා අනුභව කරන්නේ
යන තුරා තමන්ගේ මරණෙට
ලැබෙන පිඳුරු ටික කන්ට හෙමිහිට
මෙය දිගාසිරි ලබන කරුණය අපගේ!"

එතකොට චුල්ල ලෝහිත කාරණය තේරුම් ගත්තා. වැඩි දවසක් ගියේ නෑ. මඟුල් දිනය පැමිණියා. මිනිස්සු ආවා. මර ලතෝනි දෙන මුනිකයාගේ හඬ ඇසුනා. ඔහුගේ මස් වලින් වෑංජන් සැදී මේසයට ආවා. බෝධිසත්වයෝ චුල්ල ලෝහිතට කථා කළා. "හා.... දරුව, කෝ දැන් මුනිකයා?"

"සොයුර, මං දැක්කා මුනිකයා කෑම කාපු ඵලය. හප්පා.... මේ තණකොළ ඒ ආහාර වලට වඩා සිය දහස් ගුණයක් වටිනවා. උතුම්. නිවැරදියි. දිගාසිරි ලැබෙනවා" කියලා පිළිතුරු දුන්නා.

"පින්වත් භික්ෂුව, මේ ගෑණු ළමයා තමයි එදා ඔබ ඌරා වෙලා සිටියදී කෑම කන්ට දුන්නේ. ඇය නිසාමයි එදා මරණයට පත්වුනේ. මේ ආත්මේ ඈ ඇවිත් ඔබේ යහපත නසන්ටයි හදන්නේ" කියලා සසරේ බිහිසුණු අනතුරු දක්වමින් භාග්‍යවතුන් වහන්සේ ධර්මය දේශනා

කොට වදාළා. ඒ දෙසුම අවසානයේ සිවුරු හරින්ට සිටිය භික්ෂුව සෝවාන් ඵලයට පත්වුනා. "මහණෙනි, එදා මුනික නමැති ඌරා වෙලා සිටියේ ඒ ගෑණු ළමයා නිසා සිවුරු හරින්ට සිතාපු මේ භික්ෂුවයි. ගෑණු ළමයා එයාමයි. චුල්ල ලෝහිත වුනේ අපේ ආනන්දයන්. මහා ලෝහිත වුනේ මං නොවැ" කියලා භාග්‍යවතුන් වහන්සේ මේ මුනික ජාතකය වදාළා.

තුන්වැනි කුරුංග වර්ගය නිමා විය.

මහාමේඝ ප්‍රකාශන

08. කිසාගෝතමී
09. උරුවේල කාශ්‍යප මහරහතන් වහන්සේ
10. සංකිච්ච මහරහතන් වහන්සේ
11. සුප්පබුද්ධ කුෂ්ඨ රෝගියා
12. නිවී ගිය සේක බුද්ධ දිවාකරයාණෝ
13. සුමන මල් වෙළෙන්දා
14. කාලි යක්ෂණීය
15. මුගලන් මහරහතන් වහන්සේ
16. ලාජා දෙවඟන
17. ආයුවඩ්ඪන කුමාරයා
18. සන්තති ඇමති
19. මහධන සිටුපුත්‍රයා
20. අනේපිඬු සිටුතුමා
21. නන්ද මහරහතන් වහන්සේ
22. මණිකාර කුළුපග තිස්ස තෙරණුවෝ
23. විශාඛා මහෝපාසිකාව
24. පතිපූජිකාව
25. සිරිගුත්ත සහ ගරහදින්න
26. මහාකස්සප මහරහතන් වහන්සේ
27. අහෝ දෙව්දත් නොදිටි මොක්පුර
28. භාගිනෙය්‍ය සංසරක්ඛිත මහරහතන් වහන්සේ
29. උදුල කෙටිය
30. සාමාවතී සහ මාගන්දියා

● **ඉංග්‍රීසි භාෂාවට පරිවර්තනය වී ඇති ධර්ම දේශනා ග්‍රන්ථ :**

01. The life of Buddha for children
02. The Wise Shall Realize
03. Stories of Ghosts
04. Stories of Heavenly Mansions
05. Stories of Sakka, Lord of Gods

06. Stories of Brahmas
07. The Voice of Enlightened Monks
08. Mahamevnawa Pali-English Paritta Chanting Book

● **ඉංග්‍රීසි භාෂාවට පරිවර්තනය වී ඇති සදහම් සිතුවම් පොත් :**

01. Chaththa Manawaka
02. Sumana the Novice monk
03. Stingy Kosiya of Town Sakkara
04. Kisagothami
05. Kali She-devil
06. Ayuwaddana Kumaraya
07. Sumana The Florist
08. Siriguththa and Garahadinna
09. The Great Disciple Visākhā
10. The Banker Anathapindika

පූජ්‍ය කිරිබත්ගොඩ ඤාණානන්ද ස්වාමීන් වහන්සේ විසින් රචිත සියලුම සදහම් ග්‍රන්ථ සහ ධර්ම දේශනා ලබාගැනීමට

ත්‍රිපිටක සදහම් පොත් මැදුර

අංක 70/A/7/OB, YMBA ගොඩනැගිල්ල, බොරැල්ල, කොළඹ 08
දුර : 077 47 47 161 / 011 425 59 87
ඊ-මේල් : thripitakasadahambooks@gmail.com

www.ingramcontent.com/pod-product-compliance
Lightning Source LLC
Chambersburg PA
CBHW060719030426
42337CB00017B/2917
* 9 7 8 9 5 5 6 8 7 0 8 4 8 *